Katrin Wemmer

Sinnentnehmendes Lesen üben – Wortebene

Lesekompetenz von Anfang an

Wir verwenden in unseren Werken eine genderneutrale Sprache, damit sich alle gleichermaßen angesprochen fühlen. Wenn keine neutrale Formulierung möglich ist, nennen wir die weibliche und die männliche Form. In Fällen, in denen wir aufgrund einer besseren Lesbarkeit nur ein Geschlecht nennen können, achten wir darauf, den unterschiedlichen Geschlechtsidentitäten gleichermaßen gerecht zu werden.

In diesem Werk sind nach dem MarkenG geschützte Marken und sonstige Kennzeichen für eine bessere Lesbarkeit nicht besonders kenntlich gemacht. Es kann also aus dem Fehlen eines entsprechenden Hinweises nicht geschlossen werden, dass es sich um einen freien Warennamen handelt.

10. Auflage 2025
© 2009 PERSEN Verlag, Hamburg

AAP Lehrerwelt GmbH
Veritaskai 3
21079 Hamburg
Telefon: +49 (0) 40325083-040
E-Mail: info@lehrerwelt.de
Geschäftsführung: Andrea Fischer, Sandra Saghbazarian
USt-ID: DE 173 77 61 42
Register: AG Hamburg HRB/126335
Alle Rechte vorbehalten.

Das Werk als Ganzes sowie in seinen Teilen unterliegt dem deutschen Urheberrecht. Die Erwerbenden einer Einzellizenz des Werkes sind berechtigt, das Werk als Ganzes oder in seinen Teilen für den eigenen Gebrauch und den Einsatz im eigenen Präsenz- wie auch dem Distanzunterricht zu nutzen. Produkte, die aufgrund ihres Bestimmungszweckes zur Vervielfältigung und Weitergabe zu Unterrichtszwecken gedacht sind (insbesondere Kopiervorlagen und Arbeitsblätter), dürfen zu Unterrichtszwecken vervielfältigt und weitergegeben werden.

Die Nutzung ist nur für den genannten Zweck gestattet, nicht jedoch für einen schulweiten Einsatz und Gebrauch, für die Weiterleitung an Dritte einschließlich weiterer Lehrkräfte, für die Veröffentlichung im Internet oder in (Schul-)Intranets oder einen weiteren kommerziellen Gebrauch. Mit dem Kauf einer Schullizenz ist die Schule berechtigt, die Inhalte durch alle Lehrkräfte des Kollegiums der erwerbenden Schule sowie durch die Schülerinnen und Schüler der Schule und deren Eltern zu nutzen.

Nicht erlaubt ist die Weiterleitung der Inhalte an Lehrkräfte, Schülerinnen und Schüler, Eltern, andere Personen, soziale Netzwerke, Downloaddienste oder Ähnliches außerhalb der eigenen Schule.
Eine über den genannten Zweck hinausgehende Nutzung bedarf in jedem Fall der vorherigen schriftlichen Zustimmung des Verlags. Sind Internetadressen in diesem Werk angegeben, wurden diese vom Verlag sorgfältig geprüft. Da wir auf die externen Seiten weder inhaltliche noch gestalterische Einflussmöglichkeiten haben, können wir nicht garantieren, dass die Inhalte zu einem späteren Zeitpunkt noch dieselben sind wie zum Zeitpunkt der Drucklegung. Der PERSEN Verlag übernimmt deshalb keine Gewähr für die Aktualität und den Inhalt dieser Internetseiten oder solcher, die mit ihnen verlinkt sind, und schließt jegliche Haftung aus.

Die automatisierte Analyse des Werkes, um daraus Informationen insbesondere über Muster, Trends und Korrelationen gemäß § 44b UrhG („Text und Data Mining") zu gewinnen, ist untersagt.

Autorschaft:	Katrin Wemmer
Covergestaltung:	TSA&B Werbeagentur GmbH, Hamburg
Illustrationen:	Barbara Gerth
Satz:	Satzpunkt Ursula Ewert GmbH, Bayreuth
Druck und Bindung:	Druckerei Joh. Walch GmbH & Co KG, Augsburg
ISBN/Bestellnummer:	978-3-8344-3357-2

www.persen.de

Inhaltsverzeichnis

1. **Vorwort** 4

2. **Konzeption** 5
   Aufbau des Heftes 5
   Arbeit mit dem Material 6

3. **Lesekartei** 7
   Übersichtspläne und Lese-Pass 7
   Lesekartei Stufe 1 10
   Lesekartei Stufe 2 22
   Lesekartei Stufe 3 34
   Lesekartei Stufe 4 46
   Lesekartei Stufe 5 58

4. **Arbeitsblätter** (jeweils in 5 Schwierigkeitsstufen) 70
   Lies genau und verbinde 70
   Schneide aus und klebe auf 85
   Finde die falschen Wörter 95
   Wie geht das Wort weiter? 103

1. Vorwort

Lesen lernen ist ein grundlegender Schritt in den ersten Schuljahren und immens wichtig für den weiteren schulischen und beruflichen Werdegang. „Wer nicht oder nur unzureichend lesen und das Gelesene verstehen gelernt hat, kann sich nicht selbstständig Wissen aneignen, in der Schule nur eingeschränkt den Anforderungen genügen, nicht an den neuen Medien selbstständig teilhaben und Lesen nicht als Bereicherung seines Lebens und als Mittel zur Informationsgewinnung nutzen" (Wedel-Wolf, Annegret. Anforderungen an Materialien zur Leseförderung. Grundschule 7–8/2003, S. 68).

Lesen meint hierbei natürlich mehr als die reine Technik, das Aneinanderreihen und Zusammenschleifen von Buchstaben – das mechanische Lesen. Lesen lernen im Sinne des Erwerbs der Lesekompetenz meint zwar auch eine ausreichende Lesefertigkeit und nicht zu vergessen eine grundsätzliche Lesemotivation, im Mittelpunkt steht jedoch das Leseverstehen.

Bereits auf der Wortebene liegt hier jedoch für viele Kinder schon ein wesentlicher Stolperstein. Das zunächst gelernte „technische Lesen" (die Buchstaben-Laut-Zuordnung und das Zusammenschleifen von Lauten) bedarf zu Beginn einer sehr hohen Konzentration und Anstrengung. Die Kinder wollen lesen können und sind oft damit zufrieden, wenn sie die Buchstaben erkannt und in eine Lautfolge übertragen haben. Dies bedeutet für sie schon „Lesen". Dabei vernachlässigen einige Kinder leider schnell die eigentliche Sinnentnahme – vor allem jene Kinder, denen das Erlesen schwer fällt und viel Anstrengung abverlangt. Kinder, die nur langsam einen Zugang zum geschriebenen Wort finden, reihen häufig Laute aneinander, ohne zum gelesenen Wort eine Bedeutung zu assoziieren. Daher sind parallel zum Erwerb der Lesefertigkeit Übungen zur Ausrichtung der Aufmerksamkeit auf die Sinnentnahme von Beginn an wichtig, damit die Kinder ihre Lesemotivation nicht verlieren (vgl. Wedel-Wolf, Annegret. Anforderungen an Materialien zur Leseförderung. Grundschule 7–8/2003, S. 68).

Besonders auf der Silben- und Wortebene gibt es noch häufig Leseübungsangebote mit „sinnlosen" Silben-Ketten oder isolierten Einzelwörtern mit Fokus auf besonderen Schwierigkeiten. Hierbei wird zwar die alphabetische Lesestrategie geübt, nicht aber das so notwendige problemlösende Vorgehen, das für die Sinnentnahme entscheidend ist. „Mit sinnlosen Leseaufgaben erfahren Kinder für sich nicht die Bedeutung des Lesens, lernen nicht mit Sinnspur zu lesen und können keine Lesemotivation und kein Leseinteresse aufbauen. (…) Durch Übungen mit sinnlosem Wortmaterial werden leicht Kinder herangebildet, die relativ flüssig und fehlerfrei einen Text vorlesen können, aber nicht verstehen, was sie gelesen haben." (Wedel-Wolf, Annegret. Anforderungen an Materialien zur Leseförderung. Grundschule 7–8/2003, S. 68)

2. Konzeption

Nach dem interaktiven Lesemodell besteht Lesen aus zwei wesentlichen Prozessen. Zum einen wird die erlernte Laut-Buchstaben-Zuordnung zum schrittweisen, mechanischen Erlesen des Wortes eingesetzt **(Bottom-up-Prozess)**, zum anderen der jeweilige Kontext zum Aufbau einer Sinnerwartung genutzt **(Top-down-Prozess)**. Nur wenn beide Prozesse gleichzeitig und in Wechselwirkung ablaufen, führt dies zum gewünschten Leseerfolg. Der schnelle und sichere Leser kann die verschiedenen Lesestrategien kombinieren und flexibel anwenden.

Die vorliegenden Leseübungen, sowohl die als Kartei einsetzbaren Arbeitsblätter als auch die folgenden Arbeitsblätter, sollen die **sichere Anwendung beider Lesestrategien** üben. Durch die Übungen sollen die Schüler dazu angeregt werden, anhand des Bildkontextes und des Wortanfanges eine Hypothese zu bilden (Top-down) und diese dann durch genaues lautorientiertes Nachlesen zu überprüfen (Bottom-up). Das kleinschrittig ausgewählte Wortmaterial soll dabei die noch wenig entwickelten Erlesefähigkeiten unterstützen.

Bei den vorliegenden Materialien zur Wortebene habe ich versucht, das Erlernen der Lesetechnik – das bei der Silben- und Kurzwortebene ja eigentlich noch im Vordergrund steht – bereits früh mit **Übungen zur Sinnentnahme** zu kombinieren. Besonders für Schüler, die aufgrund schwacher Leseleistungen intensive Übungen auf der Silben- und Wortebene benötigen, fehlen oft entsprechend umfangreiche Materialien. Viele Leseübungshefte gehen schnell zur Kurzsatz-Ebene über. Wenn jedoch die Sinnentnahme auf der Wortebene noch nicht ausreichend geübt ist, festigen sich falsche Strategien. Zudem trauen sich schwache Leser selbst kurze Sätze nur schwer zu. Die Hemmschwelle beim Erlesen einzelner Wörter ist erfahrungsgemäß geringer.

Aufbau des Heftes

Schüler mit geringer Leseleistung haben nach Untersuchungen zu einem lernförderlichen Unterricht (vgl. May, Peter. Lernförderlicher Unterricht. 2. Band. 2002) nicht nur eine geringe Lesemotivation, sondern auch grundsätzlich ein geringes Selbstbild und Selbstvertrauen. Daher sollten Materialien zur Leseförderung klar strukturierte und überschaubare Aufgaben enthalten, die keinen zu hohen Erwartungsdruck aufbauen. Durch die Erarbeitung in kleinen Schritten und durch Wiederholung von Übungstypen kann diesen Schülern Sicherheit vermittelt werden. „**Gleiche Aufgaben in verschiedenen Schwierigkeitsgraden bieten Kindern Erfolgserlebnisse und lassen sie ihr Können erfahren …**" (Wedel-Wolf, Annegret. Anforderungen an Materialien zur Leseförderung. Grundschule 7–8/2003, S. 70).

Der erste Teil des Heftes besteht aus **als Lesekartei einsetzbaren Arbeitsblättern mit fünf Schwierigkeitsstufen**. Das Aufgabenprinzip bleibt auf jeder Stufe gleich. Zu einem Bild werden drei Wörter angeboten. Zwei davon sind Pseudowörter. Nach einer Hypothesenbildung aus dem Kontext

2. Konzeption

des Bildes heraus, muss das richtige Wort durch lautorientiertes Nachlesen herausgefunden und angekreuzt werden. Die erste Stufe ermöglicht auch Schülern, die noch auf der Silbenebene lesen, die Sinnerwartung zu nutzen und das sinnentnehmende Lesen zu trainieren. In den folgenden Stufen steigert sich der Schwierigkeitsgrad von ein- und zweisilbigen Wörtern ohne Konsonantenhäufung hin zu ein- und zweisilbigen Wörtern mit Konsonantenhäufung sowie drei- bzw. mehrsilbigen Wörtern. Durch die **nach Sprechsilben segmentierte Schreibweise** wird den Schülern eine zusätzliche Hilfe beim schnellen Erfassen der Wörter gegeben. Bei Bedarf können zusätzlich Silbenbögen oder Bindestriche eingezeichnet oder die Silben farbig markiert werden. Der große Schriftgrad unterstützt ebenfalls bei der Durchgliederung.

Die sich **anschließenden Arbeitsblätter** bieten angelehnt an die Lesekartei das Wortmaterial in verschiedenen Schwierigkeitsstufen erneut an. Die Aufgabenformen *„Lies genau und verbinde"* und *„Schneide aus und klebe auf"* greifen das Wortmaterial der Lesekartei auf und **festigen das sinnentnehmende Lesen auf der Wortebene**. Es gibt hier zwar keine Pseudowörter mehr, mitunter sind hier jedoch ähnliche Wörter auf einem Arbeitsblatt zusammengestellt, um das genaue Überprüfen der aus dem Kontext entwickelten Sinnerwartung herauszufordern. Da mehr Bildmaterial als Wörter angeboten wird, ist auch beim letzten Wort noch sinnentnehmendes Lesen erforderlich. Die Übungsform *„Finde die falschen Wörter"* soll verstärkt das Überprüfen von gebildeten Hypothesen durch genaues, konzentriertes Nachlesen trainieren. Die drei versteckten Pseudowörter müssen gefunden und markiert werden.

Arbeit mit dem Material

Die **Lesekartei** ist als Kartei für die selbstständige, freie Arbeit konzipiert und daher mit einer Selbstkontrollmöglichkeit ausgestattet. Die jeweiligen Karteikarten sollten dafür in der Mitte geknickt und anschließend laminiert werden. Für eine über die Symbole hinausgehende, sichtbare Struktur kann die Kartei auf unterschiedlich farbiges Papier (je nach Schwierigkeitsstufe) kopiert werden. Durch eigenständiges Abstempeln auf dem Übersichtsplan (ggf. auch farblich anpassen) können die Schüler die Übersicht über bereits bearbeitete Karten behalten. Der obere Teil der Karteikarte kann ebenfalls als Arbeitsblatt kopiert und für die zusätzliche Übung zu Hause genutzt werden.

Ebenso können natürlich auch die **als vertiefende Übung** für die unterrichtliche Arbeit konzipierten **Arbeitsblätter** laminiert und als wiederverwendbares Material für die freie Arbeit genutzt werden.

Insgesamt ist es natürlich auch möglich, die Karteikarten als Arbeitsblätter einzusetzen. Dazu kann die Kontrollmöglichkeit abgetrennt und ausgelegt oder wie bei dem Einsatz als Kartei einfach umgeknickt werden.

Wie Sie das Material einsetzen möchten, können Sie flexibel auf Ihre jeweilige Lerngruppe und Lernsituation abstimmen.

Übersichtspläne und Lesepass

MEINE LESEKARTEI

Name: _____

☆
Das habe ich schon geschafft:

1	2	3	4
5	6	7	8
9	10	11	12

✂--

MEINE LESEKARTEI

Name: _____

☆ ☆
Das habe ich schon geschafft:

1	2	3	4
5	6	7	8
9	10	11	12

Übersichtspläne und Lesepass

MEINE LESEKARTEI

Name: _____

Das habe ich schon geschafft:

1	2	3	4
5	6	7	8
9	10	11	12

✂- -

MEINE LESEKARTEI

Name: _____

Das habe ich schon geschafft:

1	2	3	4
5	6	7	8
9	10	11	12

Katrin Wemmer: Sinnentnehmendes Lesen üben – Wortebene
© Persen Verlag

Übersichtspläne und Lesepass

MEINE LESEKARTEI

Name: _____

1	2	3	4
5	6	7	8
9	10	11	12

Das habe ich schon geschafft:

LESEKARTEI-PASS

Name: _____

geschafft am: _____

geschafft am: _____

geschafft am: _____

geschafft am: _____

geschafft am: _____

Herzlichen Glückwunsch, du bist nun Wort-Leseprofi!

 **Kreuze an, was richtig ist.** 1

	Ba		Ku
	Be		Kä
	Bi		Ka

	Am		An
	Ap		As
	Al		Al

	Lo		Ke
	Lü		Ki
	Lö		Kü

✂ Hier umknicken oder abtrennen ----------

 **Alles richtig gemacht?** 1

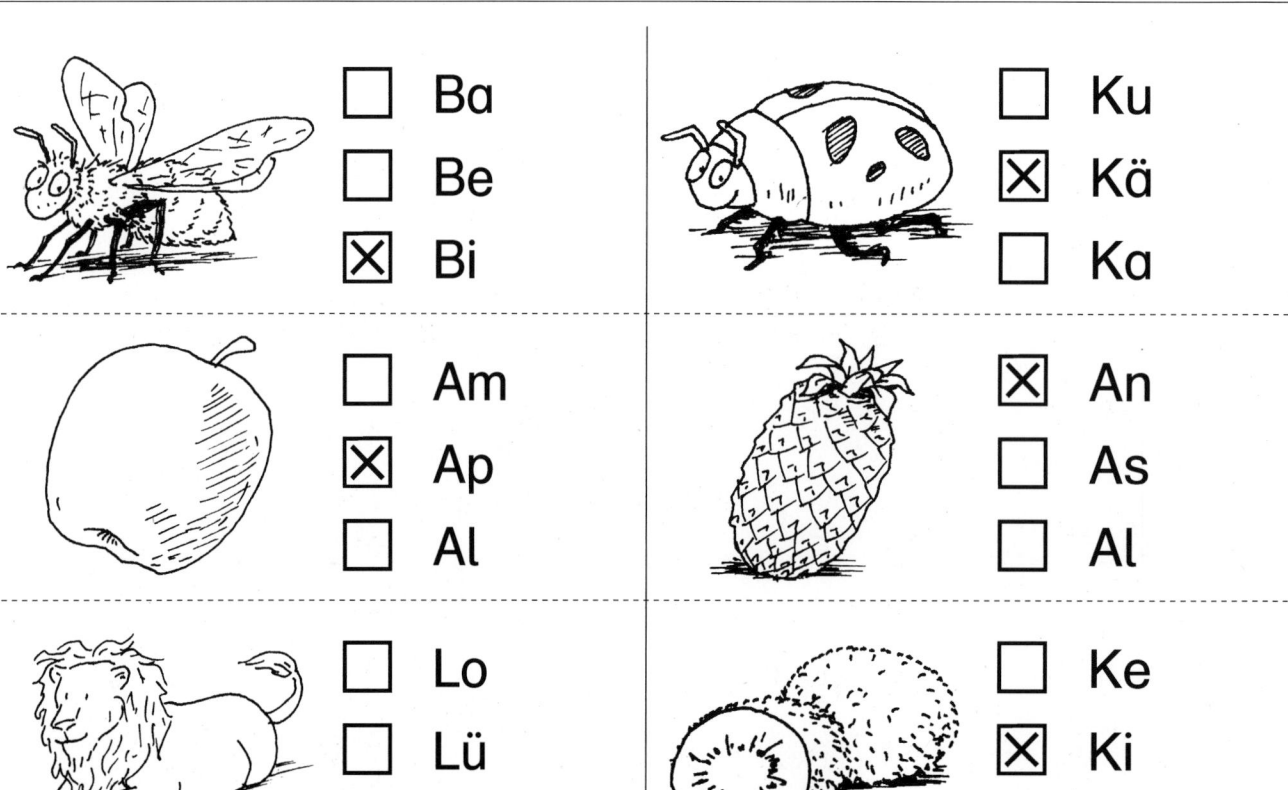

Kreuze an, was richtig ist. ⭐ 2

🫖	☐ Tei ☐ Teu ☐ Tee	🥚	☐ Eu ☐ En ☐ Ei
🧅	☐ Nu ☐ Na ☐ Ne	🚿	☐ da ☐ du ☐ de
🍕	☐ Pez ☐ Paz ☐ Piz	🍟	☐ Pum ☐ Pom ☐ Pam

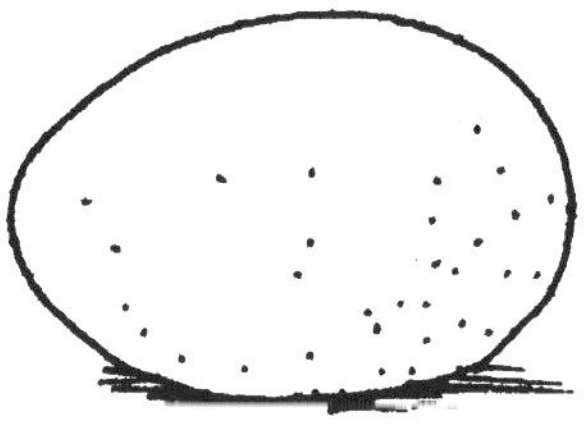

✂ Hier umknicken oder abtrennen -

Alles richtig gemacht? ⭐ 2

🫖	☐ Tei ☐ Teu ☒ Tee	🥚	☐ Eu ☐ En ☒ Ei
🧅	☒ Nu ☐ Na ☐ Ne	🚿	☐ da ☒ du ☐ de
🍕	☐ Pez ☐ Paz ☒ Piz	🍟	☐ Pum ☒ Pom ☐ Pam

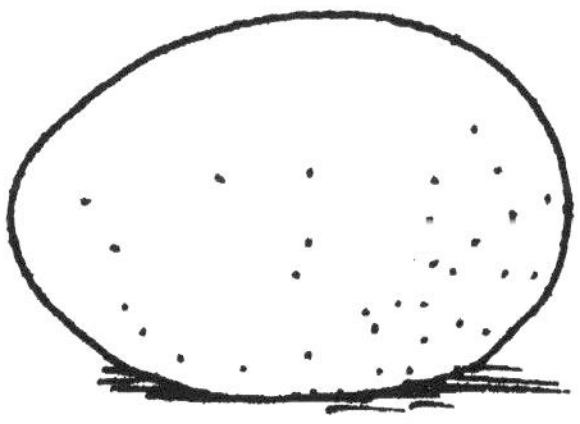

Katrin Wemmer: Sinnentnehmendes Lesen üben – Wortebene
© Persen Verlag

Kreuze an, was richtig ist. ⭐ 3

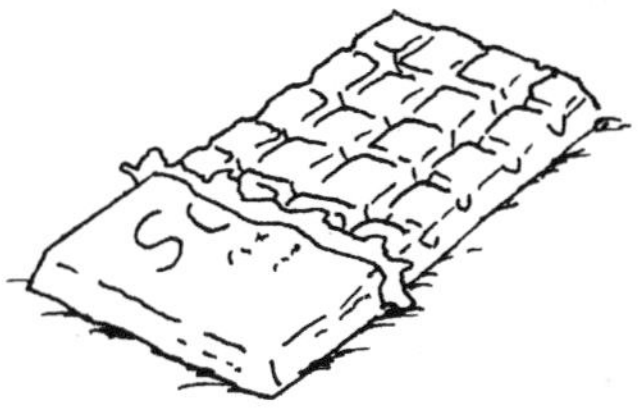

	Scha / Schu / Scho	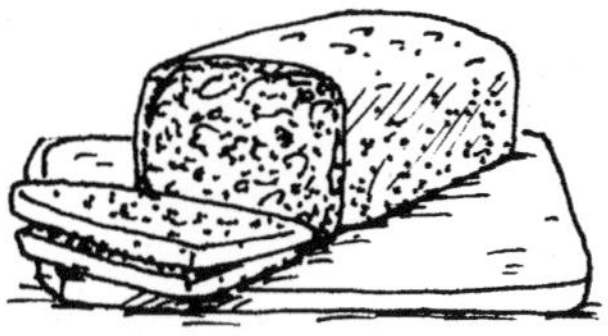	Bro / Bar / Bru
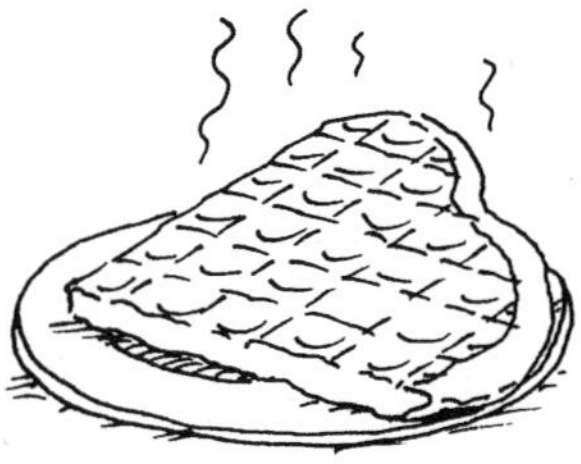	Wa / Wu / Wo	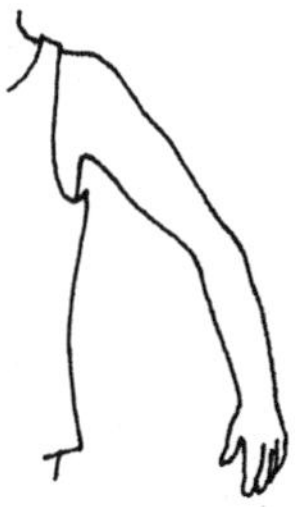	Au / Ar / An
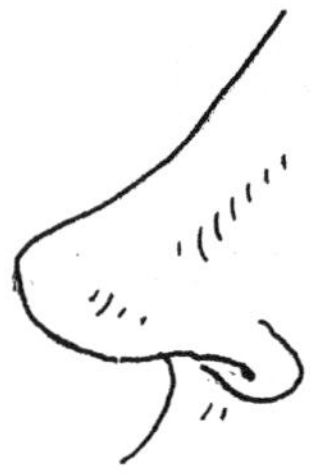	No / Nu / Na	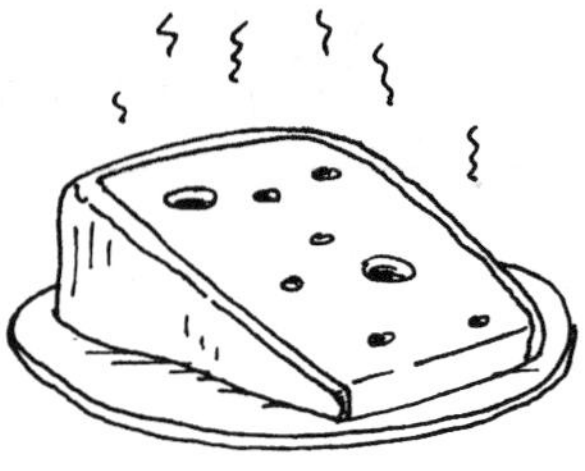	Kö / Kä / Kü

✂ Hier umknicken oder abtrennen

Alles richtig gemacht?  3

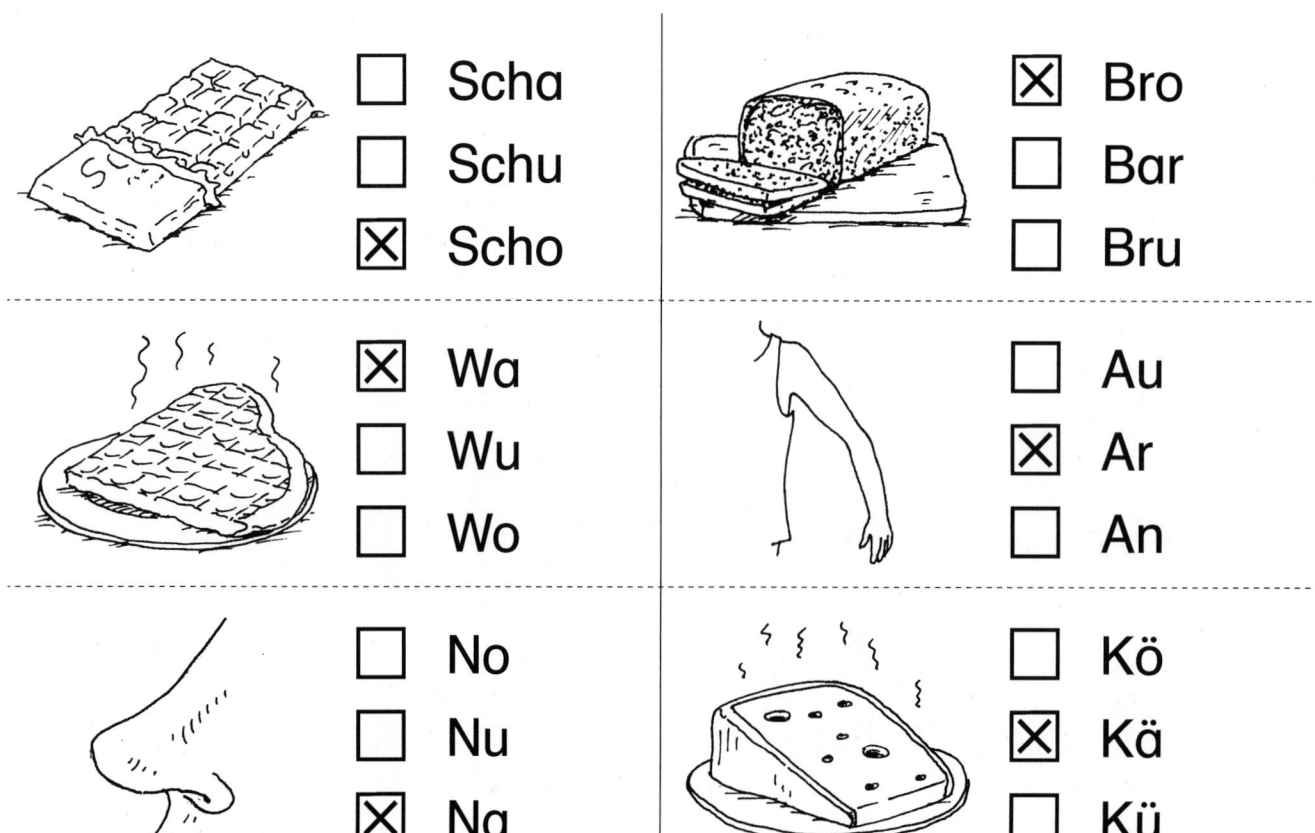

Kreuze an, was richtig ist. 4

	☐ Kach		☐ Mu
	☐ Koch		☐ Mä
	☐ Kauch		☐ Mü
	☐ Rau		☐ Be
	☐ Re		☐ Bu
	☐ Rei		☐ Bo
	☐ Ha		☐ To
	☐ Heu		☐ Tau
	☐ Hau		☐ Tu

✂ Hier umknicken oder abtrennen

Alles richtig gemacht? 4

	☐ Kach		☐ Mu
	☒ Koch		☐ Mä
	☐ Kauch		☒ Mü
	☐ Rau		☐ Be
	☐ Re		☒ Bu
	☒ Rei		☐ Bo
	☐ Ha		☐ To
	☐ Heu		☐ Tau
	☒ Hau		☒ Tu

Katrin Wemmer: Sinnentnehmendes Lesen üben – Wortebene
© Persen Verlag

 **Kreuze an, was richtig ist.** ☆ 5

☐ Tu	☐ Flo
☐ Ta	☐ Fla
☐ To	☐ Flu
☐ O	☐ Blo
☐ A	☐ Blu
☐ E	☐ Bla
☐ Mu	☐ Pe
☐ Mö	☐ Pa
☐ Mü	☐ Pi

✂ Hier umknicken oder abtrennen -

Alles richtig gemacht? ☆ 5

☐ Tu	☐ Flo
☒ Ta	☐ Fla
☐ To	☒ Flu
☒ O	☐ Blo
☐ A	☒ Blu
☐ E	☐ Bla
☐ Mu	☐ Pe
☐ Mö	☐ Pa
☒ Mü	☒ Pi

Katrin Wemmer: Sinnentnehmendes Lesen üben – Wortebene
© Persen Verlag

Kreuze an, was richtig ist. ⭐ 6

	Ra		Ple
	Re		Pla
	Ru		Plo

	Eun		Fi
	En		Fu
	Ein		Fau

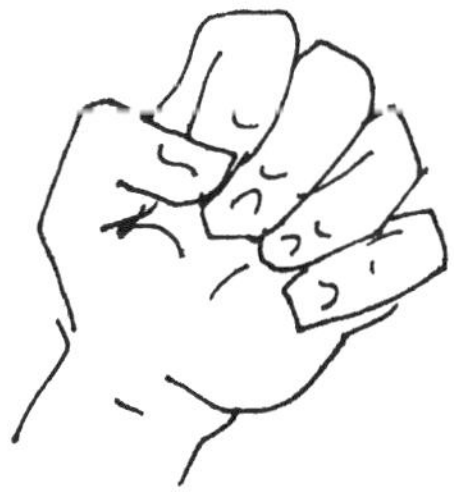

	Re		Ho
	Ra		Hu
	Ri		Ha

✂ Hier umknicken oder abtrennen -

 **Alles richtig gemacht?**  6

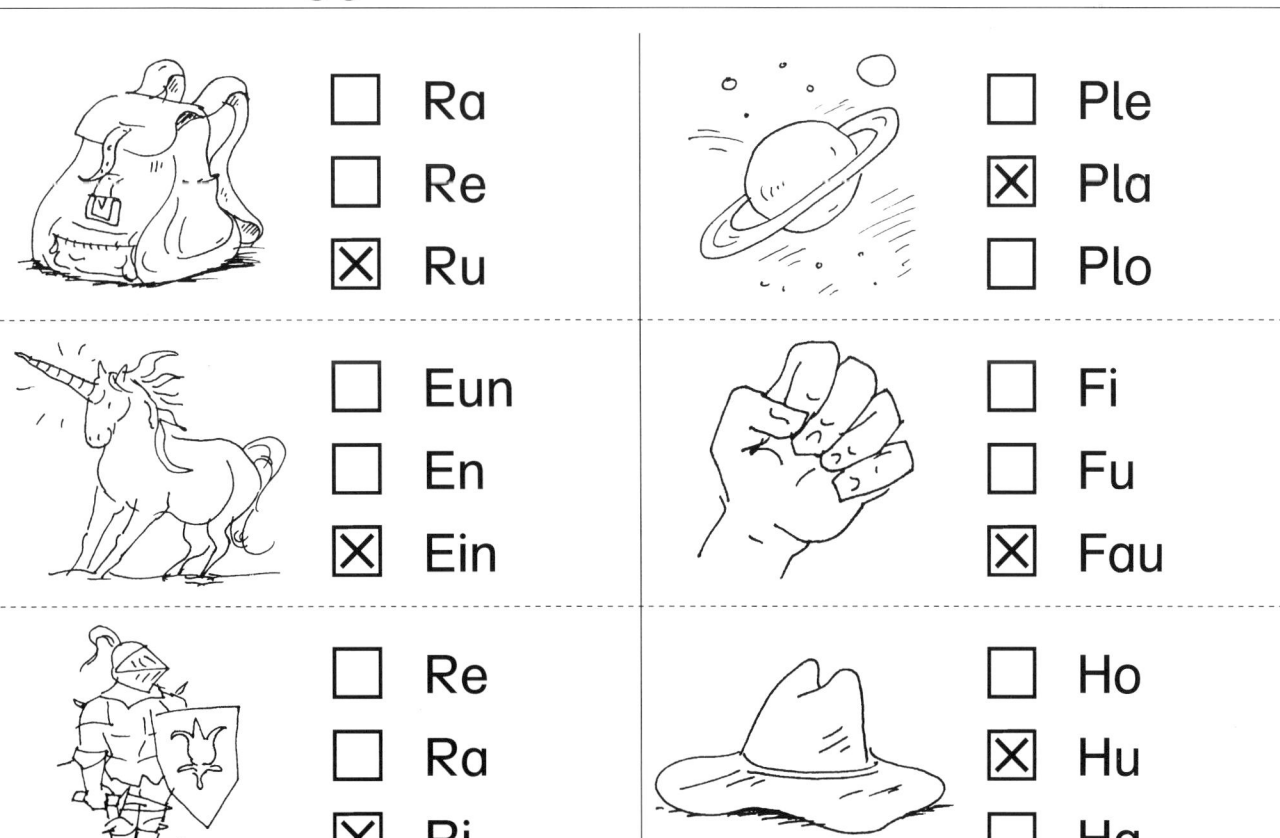

Katrin Wemmer: Sinnentnehmendes Lesen üben – Wortebene
© Persen Verlag

 **Kreuze an, was richtig ist.** ☆ 7

☐ Ge	☐ Ne
☐ Gi	☐ Na
☐ Ga	☐ Nu

☐ He	☐ Da
☐ Hu	☐ Do
☐ Ha	☐ Du

☐ Lu	☐ Schu
☐ Lö	☐ Schau
☐ Lä	☐ Scheu

✂ Hier umknicken oder abtrennen -

Alles richtig gemacht? ☆ 7

☐ Ge	☐ Ne
☐ Gi	☒ Na
☒ Ga	☐ Nu

☐ He	☒ Da
☐ Hu	☐ Do
☒ Ha	☐ Du

☐ Lu	☐ Schu
☒ Lö	☒ Schau
☐ Lä	☐ Scheu

 **Kreuze an, was richtig ist.** ★ 8

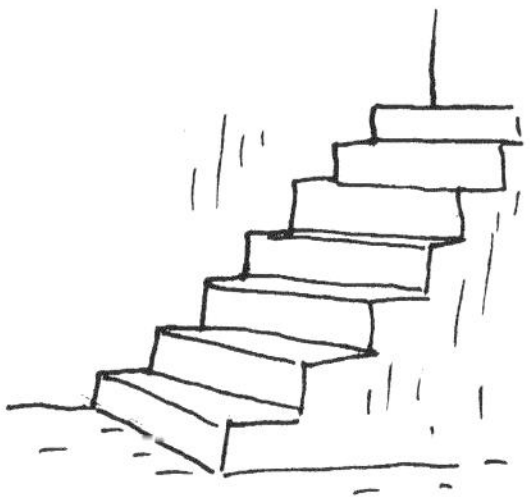

(Treppe)	☐ Tru ☐ Tra ☐ Tre	(Mauer)	☐ Mu ☐ Mau ☐ Ma
(Trommel)	☐ Tru ☐ Tro ☐ Tre	(Flöte)	☐ Flü ☐ Flä ☐ Flö
(Schublade)	☐ Schu ☐ Scha ☐ Scho	(Kegel)	☐ Ka ☐ Ke ☐ Ko

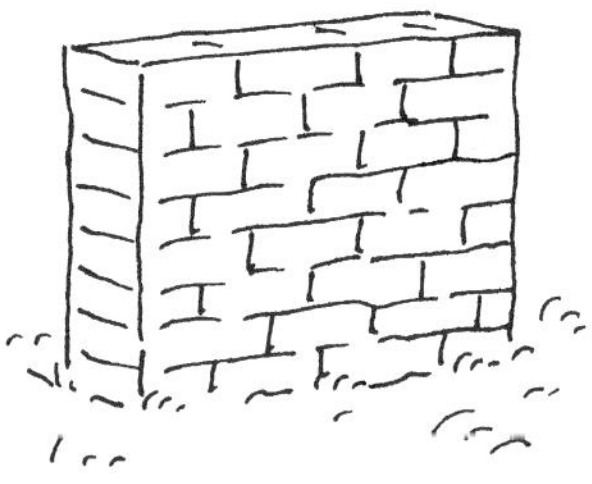

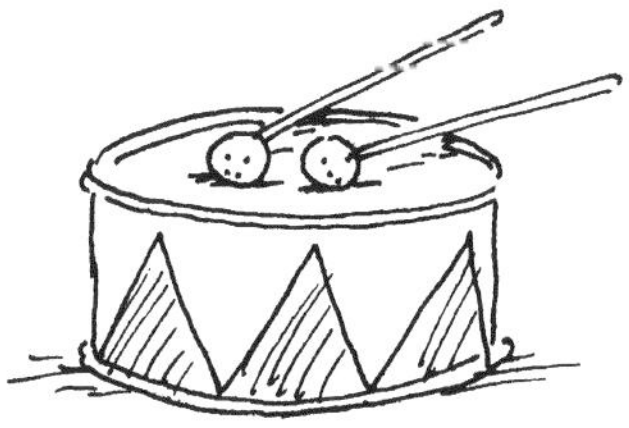

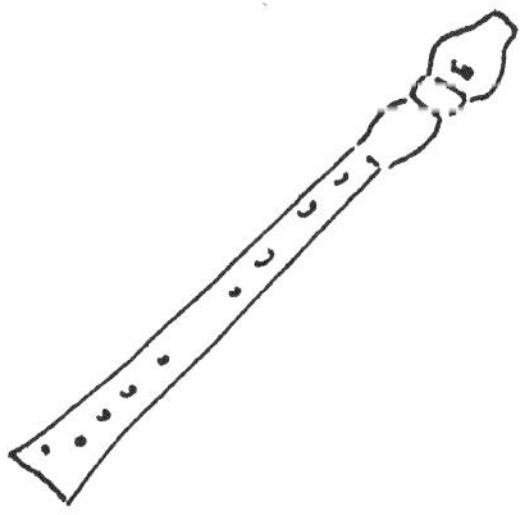

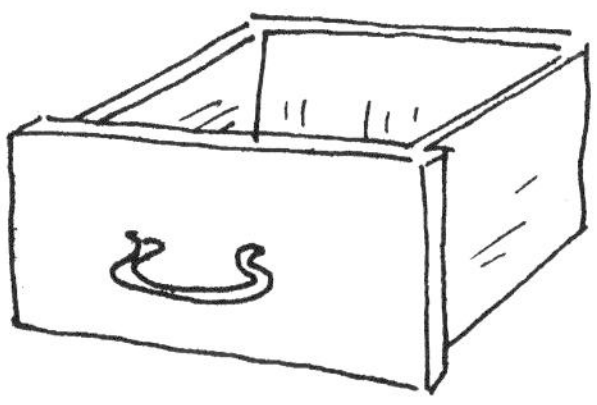

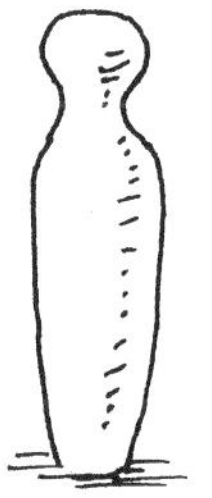

✂ Hier umknicken oder abtrennen

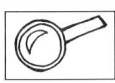 **Alles richtig gemacht?** ★ 8

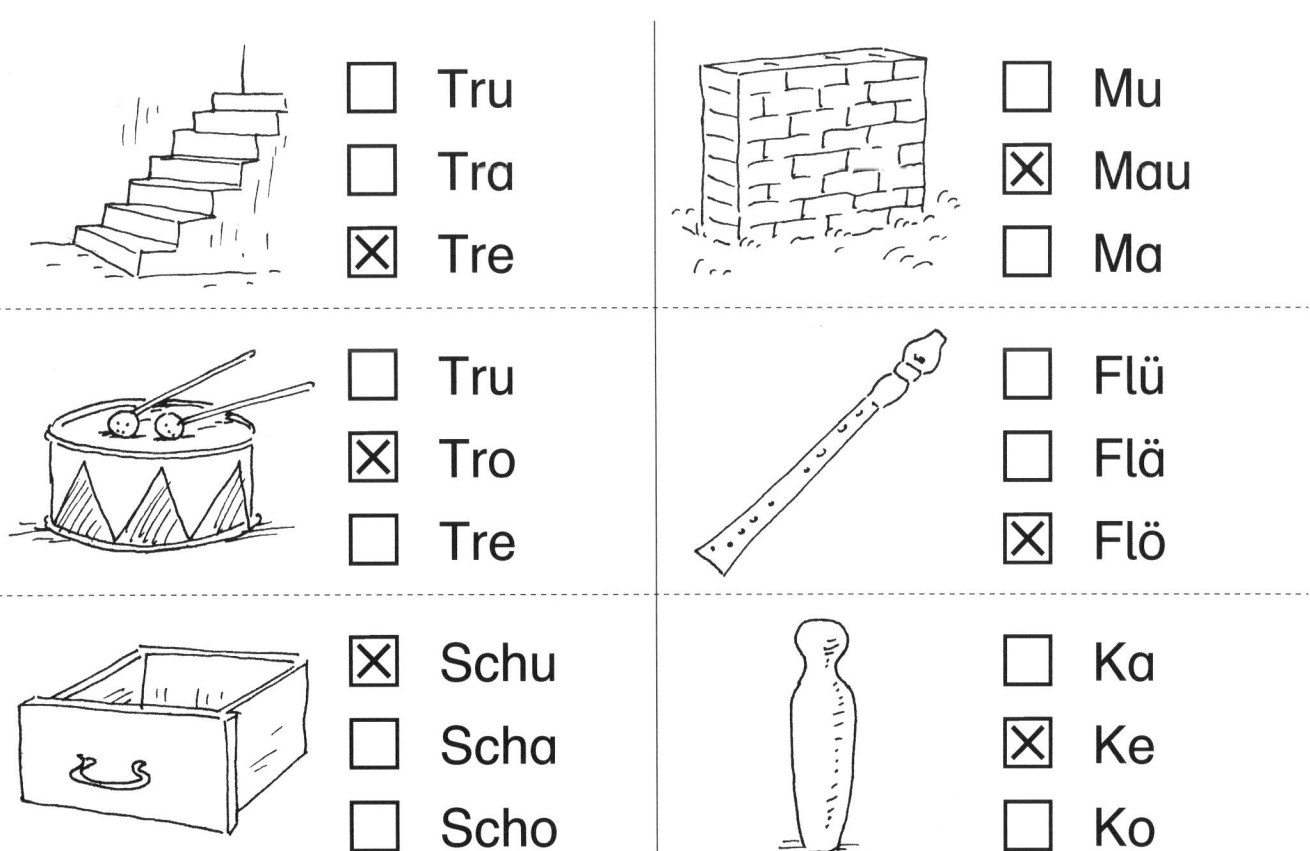

Kreuze an, was richtig ist. 9

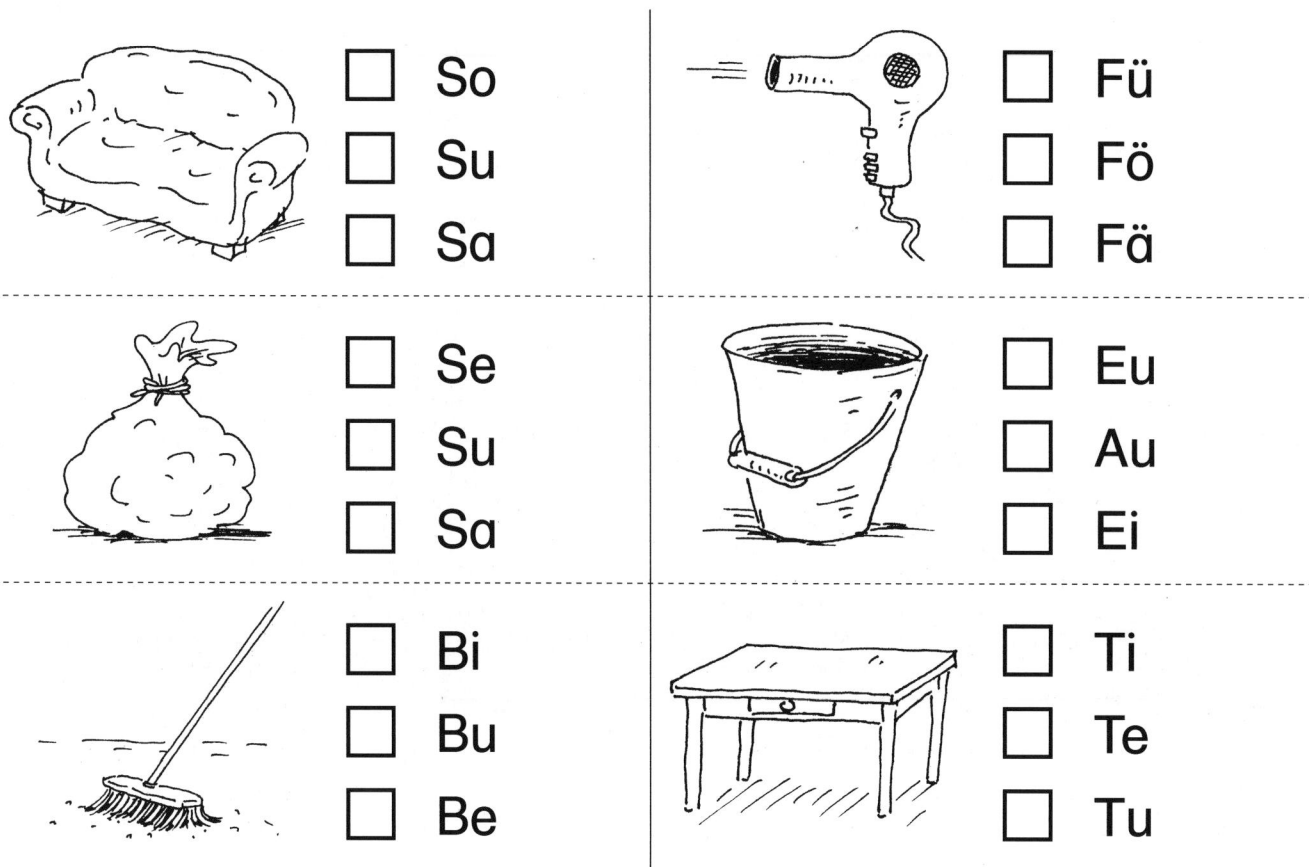

Hier umknicken oder abtrennen

Alles richtig gemacht? 9

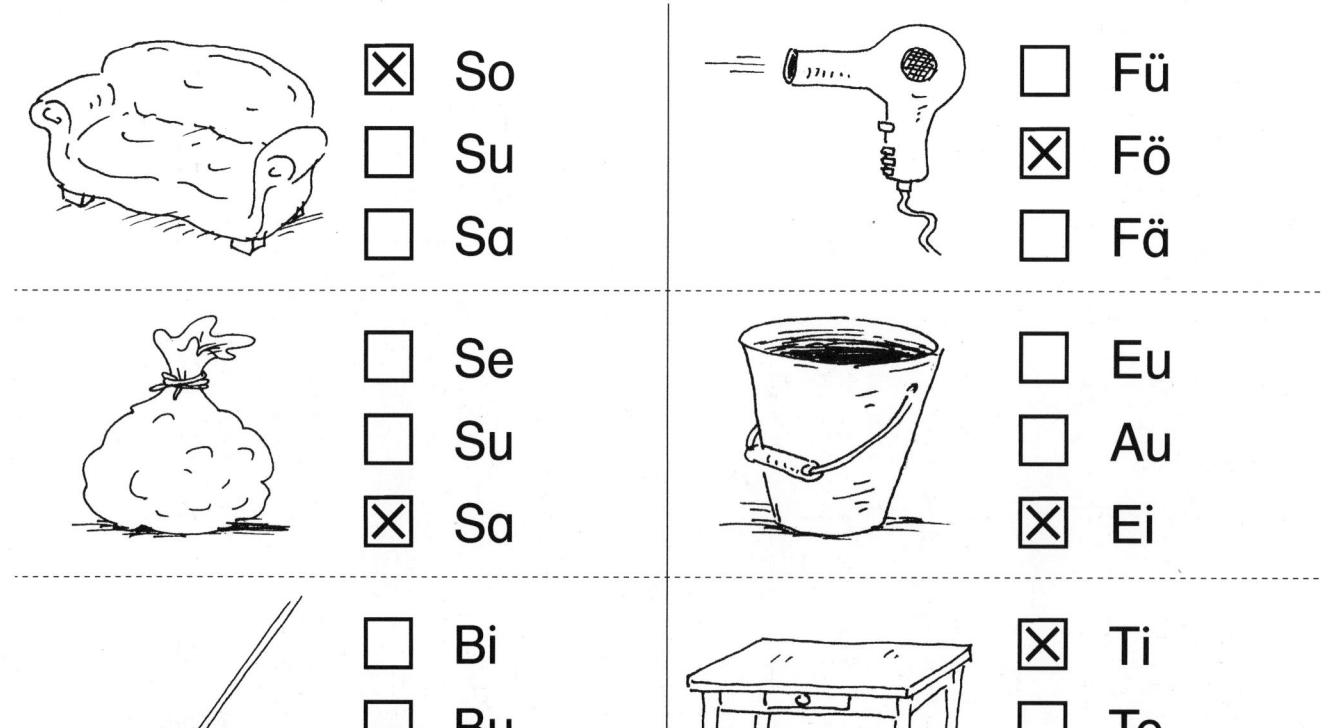

Kreuze an, was richtig ist. ⭐ 10

(Gürtel)	☐ Gu ☐ Gü ☐ Ga	(Bügeleisen)	☐ Bä ☐ Bö ☐ Bü
(Schaufel)	☐ Schu ☐ Scheu ☐ Schau	(Zange)	☐ Ze ☐ Zu ☐ Za
(Herd)	☐ Ha ☐ Hu ☐ He	(Schraube)	☐ Schru ☐ Schrau ☐ Schre

✂ Hier umknicken oder abtrennen

Alles richtig gemacht? ⭐ 10

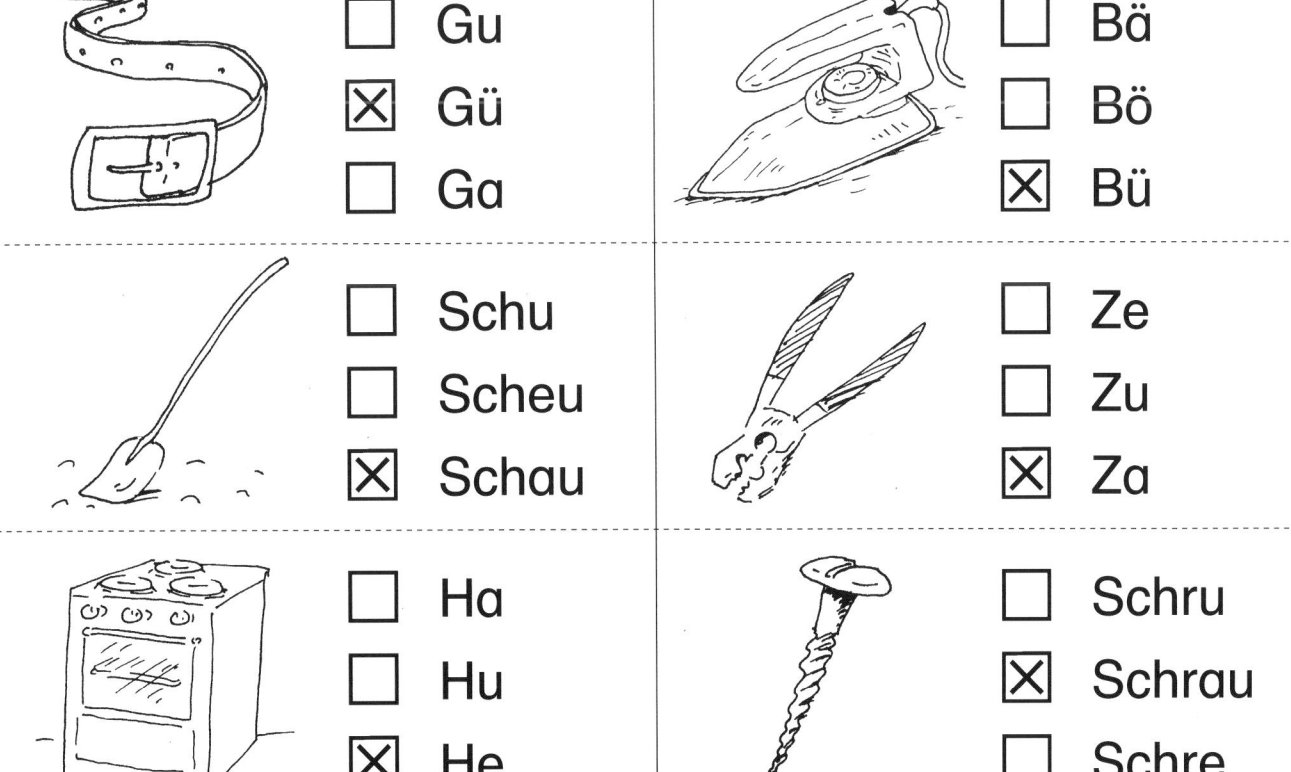

Kreuze an, was richtig ist. ⭐ 11

- ☐ Ku
- ☐ Ka
- ☐ Ko

- ☐ Li
- ☐ Lu
- ☐ Le

- ☐ Nu
- ☐ Ne
- ☐ Na

- ☐ Pi
- ☐ Pa
- ☐ Pu

- ☐ Fi
- ☐ Fo
- ☐ Fe

- ☐ Au
- ☐ Eu
- ☐ Ei

✂ Hier umknicken oder abtrennen -

Alles richtig gemacht? ⭐ 11

- ☐ Ku
- ☐ Ka
- ☒ Ko

- ☒ Li
- ☐ Lu
- ☐ Le

- ☐ Nu
- ☒ Ne
- ☐ Na

- ☐ Pi
- ☐ Pa
- ☒ Pu

- ☐ Fi
- ☐ Fo
- ☒ Fe

- ☐ Au
- ☒ Eu
- ☐ Ei

Katrin Wemmer: Sinnentnehmendes Lesen üben – Wortebene
© Persen Verlag

|  | Kreuze an, was richtig ist. | 12 |

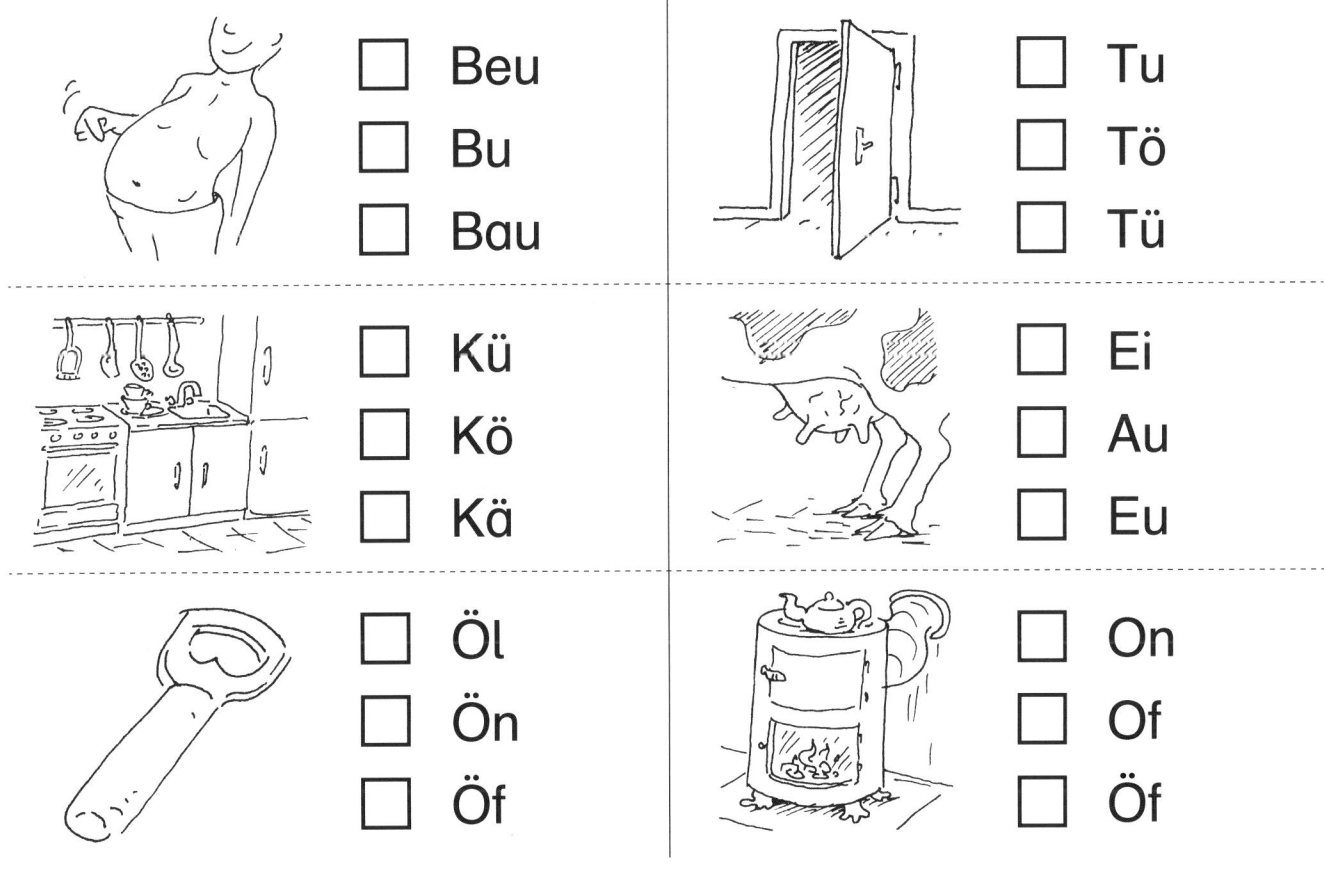

※ Hier umknicken oder abtrennen

|  | **Alles richtig gemacht?** | 12 |

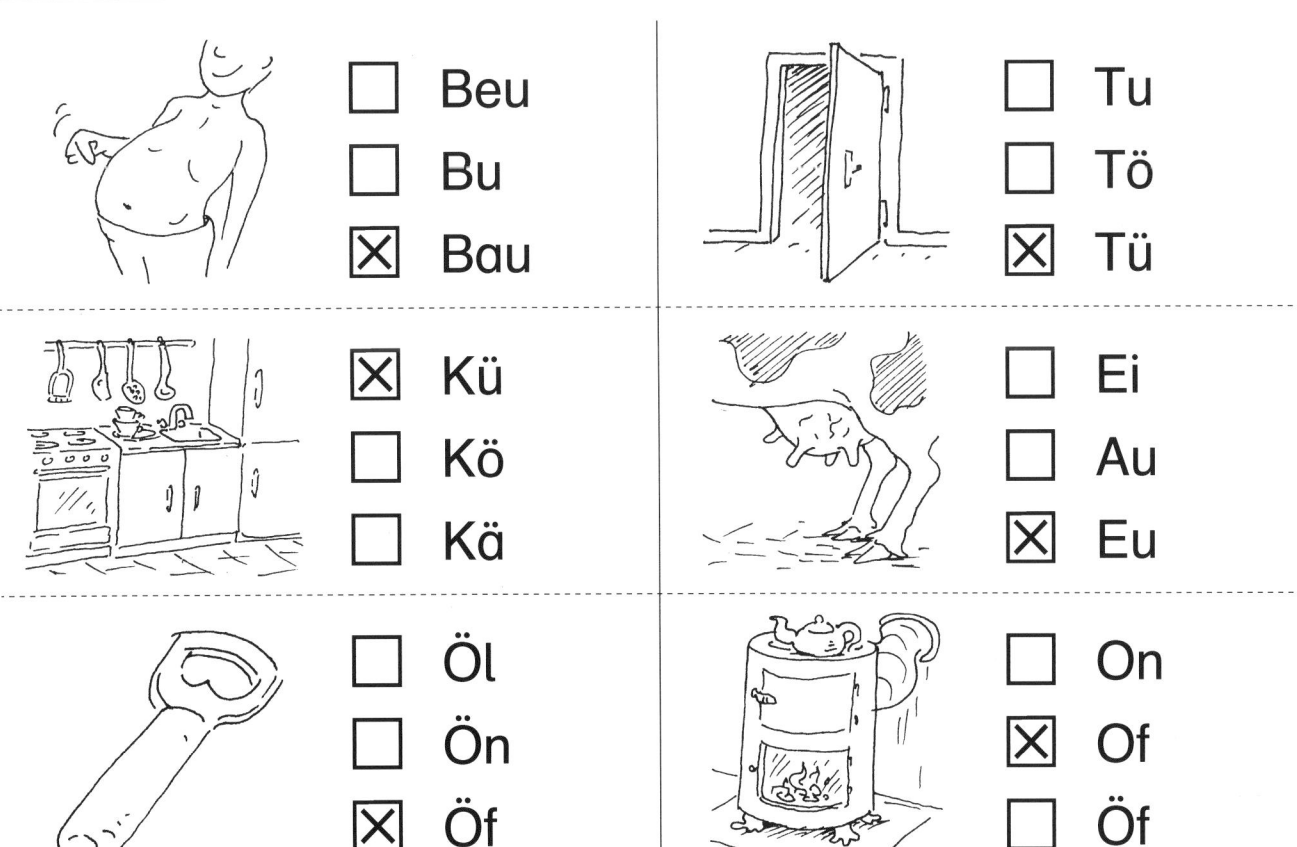

Kreuze an, was richtig ist.　　★★ 1

- ☐ An to
- ☐ A tou
- ☐ Au to

- ☐ bo den
- ☐ bu den
- ☐ ba den

- ☐ Eu ge
- ☐ Au ge
- ☐ Au be

- ☐ Eim
- ☐ Eis
- ☐ Eus

- ☐ Bull
- ☐ Baff
- ☐ Ball

- ☐ Beif
- ☐ Beul
- ☐ Beil

✂ Hier umknicken oder abtrennen

Alles richtig gemacht?　　★★ 1

- ☐ An to
- ☐ A tou
- ☒ Au to

- ☐ bo den
- ☐ bu den
- ☒ ba den

- ☐ Eu ge
- ☒ Au ge
- ☐ Au be

- ☐ Eim
- ☒ Eis
- ☐ Eus

- ☐ Bull
- ☐ Baff
- ☒ Ball

- ☐ Beif
- ☐ Beul
- ☒ Beil

Kreuze an, was richtig ist. ⭐⭐ 2

- ☐ Beun
- ☐ Bein
- ☐ Baun

- ☐ Beim
- ☐ Beum
- ☐ Baum

- ☐ Bus
- ☐ Bos
- ☐ Bas

- ☐ Bach
- ☐ Boch
- ☐ Buch

- ☐ Baat
- ☐ But
- ☐ Boot
- ☐ Beit

- ☐ Beff
- ☐ Batt
- ☐ Bett
- ☐ Bitt

✂ Hier umknicken oder abtrennen

Alles richtig gemacht? ⭐⭐ 2

- ☐ Beun
- ☒ Bein
- ☐ Baun

- ☐ Beim
- ☐ Beum
- ☒ Baum

- ☒ Bus
- ☐ Bos
- ☐ Bas

- ☐ Bach
- ☐ Boch
- ☒ Buch

- ☐ Baat
- ☐ But
- ☒ Boot
- ☐ Beit

- ☐ Beff
- ☐ Batt
- ☒ Bett
- ☐ Bitt

Katrin Wemmer: Sinnentnehmendes Lesen üben – Wortebene
© Persen Verlag

Kreuze an, was richtig ist. ⭐⭐ 3

- ☐ Do no
- ☐ Di no
- ☐ Do ni

- ☐ Do si
- ☐ Do so
- ☐ Do se

- ☐ En ta
- ☐ En fe
- ☐ En te

- ☐ Eu
- ☐ Ei
- ☐ Eis

- ☐ Fesch
- ☐ Fisch
- ☐ Fusch
- ☐ Fich

- ☐ Faß
- ☐ Foß
- ☐ Fuß
- ☐ Fauß

✂ Hier umknicken oder abtrennen -

Alles richtig gemacht? ⭐⭐ 3

- ☐ Do no
- ☒ Di no
- ☐ Do ni

- ☐ Do si
- ☐ Do so
- ☒ Do se

- ☐ En ta
- ☐ En fe
- ☒ En te

- ☐ Eu
- ☒ Ei
- ☐ Eis

- ☐ Fesch
- ☒ Fisch
- ☐ Fusch
- ☐ Fich

- ☐ Faß
- ☐ Foß
- ☒ Fuß
- ☐ Fauß

 **Kreuze an, was richtig ist.**  4

🛢	☐ Fuss ☐ Fauss ☐ Fass	🥤	☐ Glos ☐ Glus ☐ Glas
🐰	☐ Ho se ☐ Hu sa ☐ Ha se	🌾	☐ Hei ☐ Heu ☐ Hau
🏠	☐ Heus ☐ Hauf ☐ Haus ☐ Hausch	👖	☐ Ha se ☐ Ho se ☐ Hu se ☐ He se

✂ Hier umknicken oder abtrennen

 **Alles richtig gemacht?** 4

🛢	☐ Fuss ☐ Fauss ☒ Fass	🥤	☐ Glos ☐ Glus ☒ Glas
🐰	☐ Ho se ☐ Hu sa ☒ Ha se	🌾	☐ Hei ☒ Heu ☐ Hau
🏠	☐ Heus ☐ Hauf ☒ Haus ☐ Hausch	👖	☐ Ha se ☒ Ho se ☐ Hu se ☐ He se

Katrin Wemmer: Sinnentnehmendes Lesen üben – Wortebene
© Persen Verlag

Kreuze an, was richtig ist. ☆☆ 5

- ☐ Gas
- ☐ Gras
- ☐ Greis

- ☐ Ig la
- ☐ Id lu
- ☐ Ig lu

- ☐ Kann
- ☐ Kumm
- ☐ Kamm

- ☐ Hot
- ☐ Hut
- ☐ Huf

- ☐ Klu
- ☐ Kla
- ☐ Klo
- ☐ Kle

- ☐ Lo ma
- ☐ La ma
- ☐ La mo
- ☐ Lo mo

↪ Hier umknicken oder abtrennen -

Alles richtig gemacht? ☆☆ 5

- ☐ Gas
- ☒ Gras
- ☐ Greis

- ☐ Ig la
- ☐ Id lu
- ☒ Ig lu

- ☐ Kann
- ☐ Kumm
- ☒ Kamm

- ☐ Hot
- ☒ Hut
- ☐ Huf

- ☐ Klu
- ☐ Kla
- ☒ Klo
- ☐ Kle

- ☐ Lo ma
- ☒ La ma
- ☐ La mo
- ☐ Lo mo

Katrin Wemmer: Sinnentnehmendes Lesen üben – Wortebene
© Persen Verlag

Kreuze an, was richtig ist. — 6

- ☐ Meus
- ☐ Mäus
- ☐ Maus

- ☐ Mist
- ☐ Mast
- ☐ Mais

- ☐ Menn
- ☐ Monn
- ☐ Mann

- ☐ No se
- ☐ Na se
- ☐ Ne se

- ☐ Ra se
- ☐ Ro se
- ☐ Ru se
- ☐ Ru sa

- ☐ Ma fo
- ☐ Mo fo
- ☐ Ma fa
- ☐ Mo fa

✂ Hier umknicken oder abtrennen

Alles richtig gemacht? — 6

- ☐ Meus
- ☐ Mäus
- ☒ Maus

- ☐ Mist
- ☐ Mast
- ☒ Mais

- ☐ Menn
- ☐ Monn
- ☒ Mann

- ☐ No se
- ☒ Na se
- ☐ Ne se

- ☐ Ra se
- ☒ Ro se
- ☐ Ru se
- ☐ Ru sa

- ☐ Ma fo
- ☐ Mo fo
- ☐ Ma fa
- ☒ Mo fa

Katrin Wemmer: Sinnentnehmendes Lesen üben – Wortebene
© Persen Verlag

 **Kreuze an, was richtig ist.** ⭐⭐ 7

🛞	☐ Rod ☐ Rad ☐ Rud	🐑	☐ Schaf ☐ Schof ☐ Schuf
🥬	☐ Sa lot ☐ Sa lat ☐ So lot	🧣	☐ Schul ☐ Schal ☐ Schol
🏞️	☐ Teuch ☐ Tich ☐ Teich ☐ Tach	🐻	☐ Bar ☐ Bör ☐ Bär ☐ Bor

✂ Hier umknicken oder abtrennen -------------------------------

 **Alles richtig gemacht?** ⭐⭐ 7

🛞	☐ Rod ☒ Rad ☐ Rud		☒ Schaf ☐ Schof ☐ Schuf
	☐ Sa lot ☒ Sa lat ☐ So lot		☐ Schul ☒ Schal ☐ Schol
	☐ Teuch ☐ Tich ☒ Teich ☐ Tach		☐ Bar ☐ Bör ☒ Bär ☐ Bor

Katrin Wemmer: Sinnentnehmendes Lesen üben – Wortebene
© Persen Verlag

 **Kreuze an, was richtig ist.** 8

- ☐ Ei le
- ☐ Eu le
- ☐ Au le

- ☐ Heu
- ☐ Hai
- ☐ Hie

- ☐ Tar
- ☐ Tur
- ☐ Tor

- ☐ Tesch
- ☐ Tisch
- ☐ Tasch

- ☐ To ba
- ☐ Tu ba
- ☐ Ta be
- ☐ Tu be

- ☐ Wul
- ☐ Waul
- ☐ Wal
- ☐ Wol

✂ Hier umknicken oder abtrennen --------

Alles richtig gemacht? 8

- ☐ Ei le
- ☒ Eu le
- ☐ Au le

- ☐ Heu
- ☒ Hai
- ☐ Hie

- ☐ Tar
- ☐ Tur
- ☒ Tor

- ☐ Tesch
- ☒ Tisch
- ☐ Tasch

- ☐ To ba
- ☐ Tu ba
- ☐ Ta be
- ☒ Tu be

- ☐ Wul
- ☐ Waul
- ☒ Wal
- ☐ Wol

Katrin Wemmer: Sinnentnehmendes Lesen üben – Wortebene
© Persen Verlag

Kreuze an, was richtig ist. ⭐⭐ 9

- ☐ Tar
- ☐ Tro
- ☐ Tor

- ☐ To te
- ☐ Tu te
- ☐ Tü te

- ☐ Zeun
- ☐ Zein
- ☐ Zaun

- ☐ E sal
- ☐ E sel
- ☐ E sil

- ☐ Zag
- ☐ Zug
- ☐ Zog
- ☐ Züg

- ☐ Wag
- ☐ Wig
- ☐ Weg
- ☐ Wug

✂ Hier umknicken oder abtrennen -

Alles richtig gemacht? ⭐⭐ 9

- ☐ Tar
- ☐ Tro
- ☒ Tor

- ☐ To te
- ☐ Tu te
- ☒ Tü te

- ☐ Zeun
- ☐ Zein
- ☒ Zaun

- ☐ E sal
- ☒ E sel
- ☐ E sil

- ☐ Zag
- ☒ Zug
- ☐ Zog
- ☐ Züg

- ☐ Wag
- ☐ Wig
- ☒ Weg
- ☐ Wug

Katrin Wemmer: Sinnentnehmendes Lesen üben – Wortebene
© Persen Verlag

Kreuze an, was richtig ist. ⭐⭐ 10

- ☐ Ku na
- ☐ Ka na
- ☐ Ka nu

- ☐ Zwei
- ☐ Zweu
- ☐ Zwe

- ☐ Dreu
- ☐ Dru
- ☐ Drei

- ☐ Naun
- ☐ Neun
- ☐ Nein

- ☐ Euns
- ☐ Eims
- ☐ Eins
- ☐ Enis

- ☐ Ka se
- ☐ Kä se
- ☐ Ku se
- ☐ Kä su

Hier umknicken oder abtrennen

Alles richtig gemacht? ⭐⭐ 10

- ☐ Ku na
- ☐ Ka na
- ☒ Ka nu

- ☒ Zwei
- ☐ Zweu
- ☐ Zwe

- ☐ Dreu
- ☐ Dru
- ☒ Drei

- ☐ Naun
- ☒ Neun
- ☐ Nein

- ☐ Euns
- ☐ Eims
- ☒ Eins
- ☐ Enis

- ☐ Ka se
- ☒ Kä se
- ☐ Ku se
- ☐ Kä su

Katrin Wemmer: Sinnentnehmendes Lesen üben – Wortebene
© Persen Verlag

Kreuze an, was richtig ist. 11

- ☐ Ki mi
- ☐ Ka wi
- ☐ Ki wi

- ☐ Hot
- ☐ Hut
- ☐ Hat

- ☐ Tol
- ☐ Tul
- ☐ Tal

- ☐ Eu no
- ☐ Eu ro
- ☐ Ei ro

- ☐ Lo mi
- ☐ Li mo
- ☐ Li mi
- ☐ Lo mo

- ☐ Tur
- ☐ Tär
- ☐ Tür
- ☐ Tör

↳ Hier umknicken oder abtrennen

Alles richtig gemacht? 11

- ☐ Ki mi
- ☐ Ka wi
- ☒ Ki wi

- ☐ Hot
- ☒ Hut
- ☐ Hat

- ☐ Tol
- ☐ Tul
- ☒ Tal

- ☐ Eu no
- ☒ Eu ro
- ☐ Ei ro

- ☐ Lo mi
- ☒ Li mo
- ☐ Li mi
- ☐ Lo mo

- ☐ Tur
- ☐ Tär
- ☒ Tür
- ☐ Tör

Katrin Wemmer: Sinnentnehmendes Lesen üben – Wortebene
© Persen Verlag

Kreuze an, was richtig ist. ⭐⭐ 12

- ☐ Lak
- ☐ Luk
- ☐ Lok

- ☐ La pe
- ☐ Lu pe
- ☐ Ln pe

- ☐ Seu fe
- ☐ Sei fe
- ☐ Sau fe

- ☐ Elf
- ☐ Alf
- ☐ Elt

- ☐ Ta pi
- ☐ Ti po
- ☐ Ti pi
- ☐ To po

- ☐ Ju ja
- ☐ Ja ja
- ☐ Jau jo
- ☐ Jo jo

↪ Hier umknicken oder abtrennen

Alles richtig gemacht? ⭐⭐ 12

- ☐ Lak
- ☐ Luk
- ☒ Lok

- ☐ La pe
- ☒ Lu pe
- ☐ Ln pe

- ☐ Seu fe
- ☒ Sei fe
- ☐ Sau fe

- ☒ Elf
- ☐ Alf
- ☐ Elt

- ☐ Ta pi
- ☐ Ti po
- ☒ Ti pi
- ☐ To po

- ☐ Ju ja
- ☐ Ja ja
- ☐ Jau jo
- ☒ Jo jo

Katrin Wemmer: Sinnentnehmendes Lesen üben – Wortebene
© Persen Verlag

Kreuze an, was richtig ist. 1

- ☐ Am pil
- ☐ Am pal
- ☐ Am pel

- ☐ At te
- ☐ Af fo
- ☐ Af fe

- ☐ Amr
- ☐ Annr
- ☐ Arm

- ☐ Tu sche
- ☐ Tau sche
- ☐ Ta sche

- ☐ Del fan
- ☐ Del fin
- ☐ Del fun
- ☐ Dul fen

- ☐ Funf
- ☐ Fünf
- ☐ Fänf
- ☐ Fanf

✂ Hier umknicken oder abtrennen

Alles richtig gemacht? 1

- ☐ Am pil
- ☐ Am pal
- ☒ Am pel

- ☐ At te
- ☐ Af fo
- ☒ Af fe

- ☐ Amr
- ☐ Annr
- ☒ Arm

- ☐ Tu sche
- ☐ Tau sche
- ☒ Ta sche

- ☐ Del fan
- ☒ Del fin
- ☐ Del fun
- ☐ Dul fen

- ☐ Funf
- ☒ Fünf
- ☐ Fänf
- ☐ Fanf

Katrin Wemmer: Sinnentnehmendes Lesen üben – Wortebene
© Persen Verlag

Kreuze an, was richtig ist. ☆☆☆ 2

- ☐ Bir me
- ☐ Bri ne
- ☐ Bir ne

- ☐ Blö te
- ☐ Blu te
- ☐ Blü te

- ☐ Zalt
- ☐ Zelf
- ☐ Zelt

- ☐ Brit
- ☐ Brat
- ☐ Brot

- ☐ Britt
- ☐ Brett
- ☐ Breit
- ☐ Brött

- ☐ Heift
- ☐ Heft
- ☐ Huft
- ☐ Haft

✂ Hier umknicken oder abtrennen

Alles richtig gemacht? ☆☆☆ 2

- ☐ Bir me
- ☐ Bri ne
- ☒ Bir ne

- ☐ Blö te
- ☐ Blu te
- ☒ Blü te

- ☐ Zalt
- ☐ Zelf
- ☒ Zelt

- ☐ Brit
- ☐ Brat
- ☒ Brot

- ☐ Britt
- ☒ Brett
- ☐ Breit
- ☐ Brött

- ☐ Heift
- ☒ Heft
- ☐ Huft
- ☐ Haft

Katrin Wemmer: Sinnentnehmendes Lesen üben – Wortebene
© Persen Verlag

Kreuze an, was richtig ist. ⭐⭐⭐ 3

- ☐ Ka mel
- ☐ Ko mel
- ☐ Ku mel

- ☐ Eu mer
- ☐ Ei ner
- ☐ Ei mer

- ☐ ba den
- ☐ ba pen
- ☐ ba ben

- ☐ Breif
- ☐ Bref
- ☐ Brief

- ☐ Bö gel
- ☐ Bu gel
- ☐ Ba gel
- ☐ Bü gel

- ☐ Ga bel
- ☐ Go bel
- ☐ Ga bal
- ☐ Go bel

✂ Hier umknicken oder abtrennen

Alles richtig gemacht? ⭐⭐⭐ 3

- ☒ Ka mel
- ☐ Ko mel
- ☐ Ku mel

- ☐ Eu mer
- ☐ Ei ner
- ☒ Ei mer

- ☒ ba den
- ☐ ba pen
- ☐ ba ben

- ☐ Breif
- ☐ Bref
- ☒ Brief

- ☐ Bö gel
- ☐ Bu gel
- ☐ Ba gel
- ☒ Bü gel

- ☒ Ga bel
- ☐ Go bel
- ☐ Ga bal
- ☐ Go bel

Katrin Wemmer: Sinnentnehmendes Lesen üben – Wortebene
© Persen Verlag

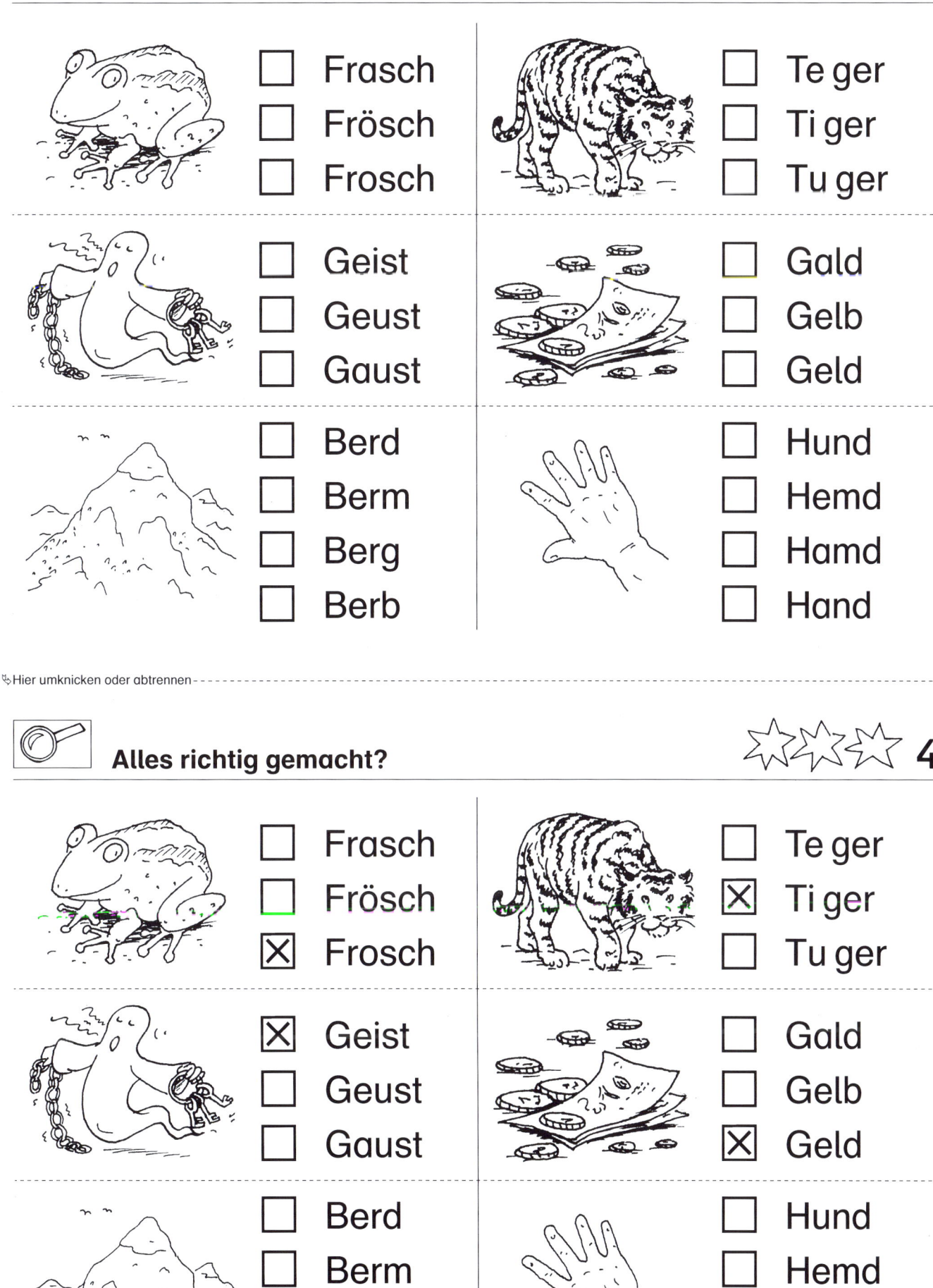

 **Kreuze an, was richtig ist.** ★★★★ 5

☐ Holz	☐ Hand
☐ Hulz	☐ Hemd
☐ Helz	☐ Hund
☐ Kut ze	☐ Kon ne
☐ Kat ze	☐ Kan ne
☐ Kaf fe	☐ Kau ne
☐ Im sel	☐ Kä tig
☐ In sal	☐ Kä fig
☐ In sel	☐ Ka fig
☐ In sef	☐ Kö fig

✁ Hier umknicken oder abtrennen -

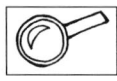 **Alles richtig gemacht?** ★★★★ 5

☒ Holz	☐ Hand
☐ Hulz	☐ Hemd
☐ Helz	☒ Hund
☐ Kut ze	☐ Kon ne
☒ Kat ze	☒ Kan ne
☐ Kaf fe	☐ Kau ne
☐ Im sel	☐ Kä tig
☐ In sal	☒ Kä fig
☒ In sel	☐ Ka fig
☐ In sef	☐ Kö fig

Katrin Wemmer: Sinnentnehmendes Lesen üben – Wortebene
© Persen Verlag

 **Kreuze an, was richtig ist.**  6

	☐ Kos se ☐ Kus se ☐ Kas se		☐ I del ☐ I gal ☐ I gel
	☐ keu fen ☐ kau fen ☐ ka fen	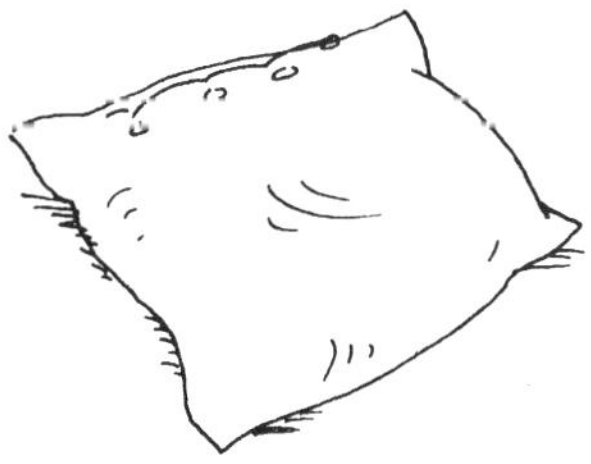	☐ Kes sen ☐ Kis ten ☐ Kis sen
	☐ Kas te ☐ Kes te ☐ Kos te ☐ Kis te		☐ Kleud ☐ Klaud ☐ Kleid ☐ Klied

✂ Hier umknicken oder abtrennen

 **Alles richtig gemacht?** 6

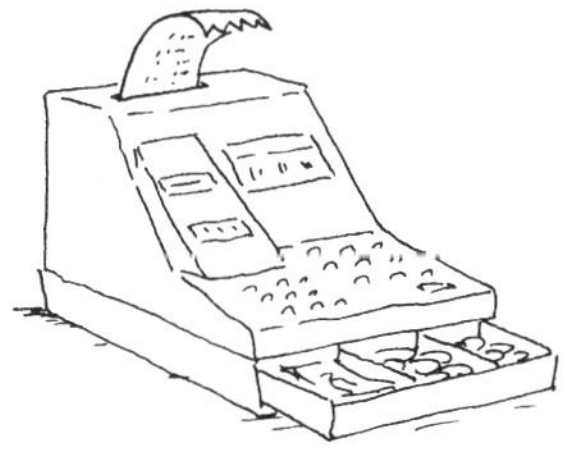

	☐ Kos se ☐ Kus se ☒ Kas se		☐ I del ☐ I gal ☒ I gel
	☐ keu fen ☒ kau fen ☐ ka fen	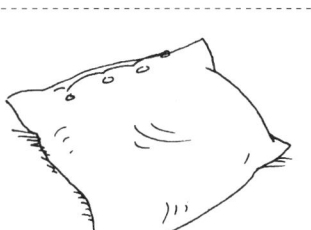	☐ Kes sen ☐ Kis ten ☒ Kis sen
	☐ Kas te ☐ Kes te ☐ Kos te ☒ Kis te		☐ Kleud ☐ Klaud ☒ Kleid ☐ Klied

Katrin Wemmer: Sinnentnehmendes Lesen üben – Wortebene
© Persen Verlag

Kreuze an, was richtig ist. ⭐⭐⭐ 7

- ☐ Krun
- ☐ Kran
- ☐ Kron

- ☐ Kurb
- ☐ Kord
- ☐ Korb

- ☐ Starn
- ☐ Stern
- ☐ Storn

- ☐ Kra ne
- ☐ Kro ne
- ☐ Kru ne

- ☐ Ku schen
- ☐ Ko chen
- ☐ Ku chen
- ☐ Kü chen

- ☐ Ko gel
- ☐ Ke gel
- ☐ Ku gel
- ☐ Ku del

✂ Hier umknicken oder abtrennen -

Alles richtig gemacht? ⭐⭐⭐ 7

- ☐ Krun
- ☒ Kran
- ☐ Kron

- ☐ Kurb
- ☐ Kord
- ☒ Korb

- ☐ Starn
- ☒ Stern
- ☐ Storn

- ☐ Kra ne
- ☒ Kro ne
- ☐ Kru ne

- ☐ Ku schen
- ☐ Ko chen
- ☒ Ku chen
- ☐ Kü chen

- ☐ Ko gel
- ☐ Ke gel
- ☒ Ku gel
- ☐ Ku del

 **Kreuze an, was richtig ist.** 8

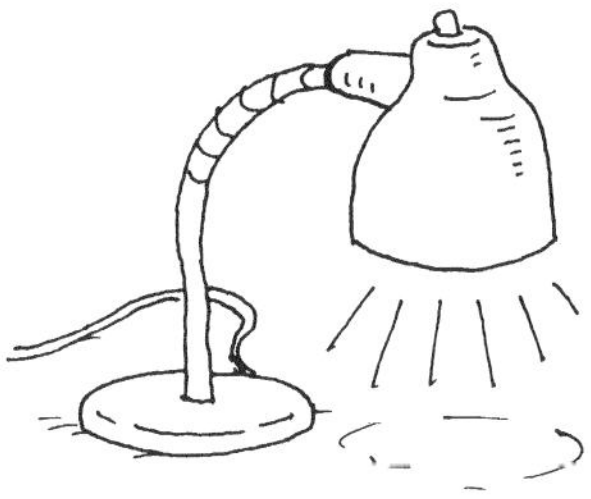

🛋	☐ Lum pe ☐ Lam pe ☐ Lom pe	👧📖	☐ li sen ☐ le sen ☐ lau sen
🪜	☐ Leu ter ☐ Lau ter ☐ Lei ter	🥄	☐ Lof fel ☐ Lüf fel ☐ Löf fel
🔘	☐ Kopf ☐ Knupf ☐ Knaupf ☐ Knopf	🍽	☐ Tel lur ☐ Tet ter ☐ Tel ler ☐ Tei ler

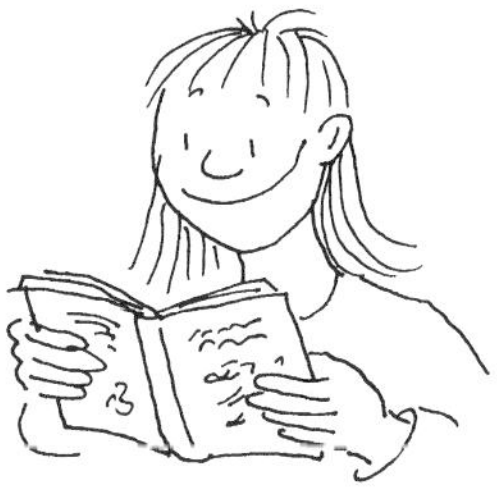

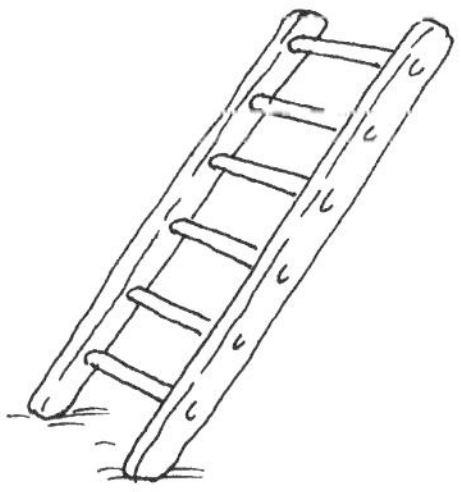

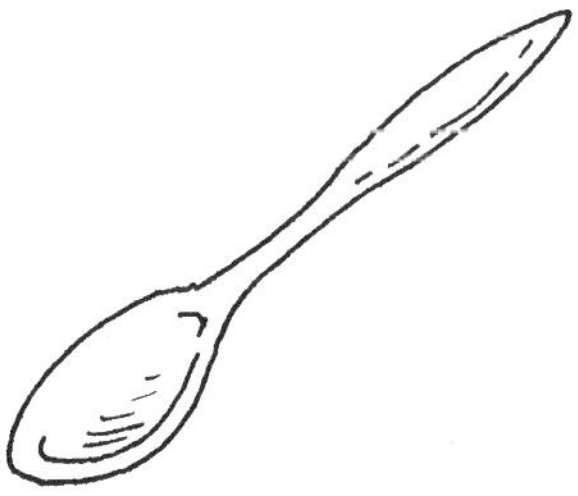

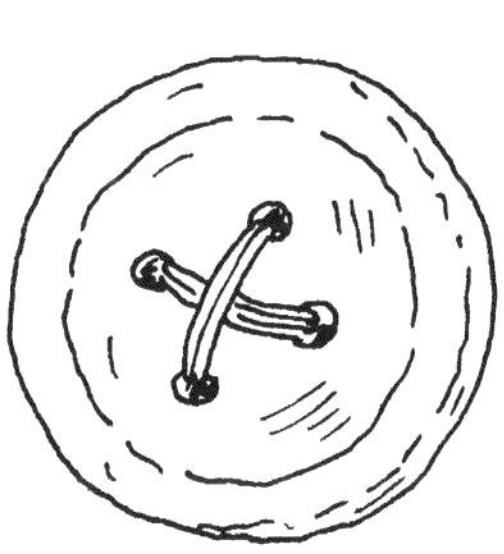

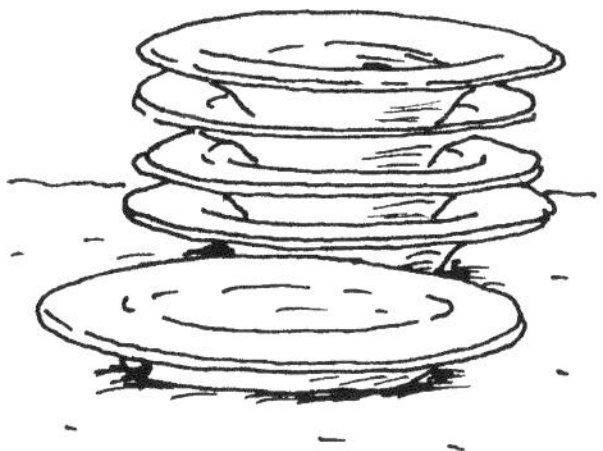

✂ Hier umknicken oder abtrennen ----------------------------

 **Alles richtig gemacht?** 8

Kreuze an, was richtig ist. 9

- ☐ mu len
- ☐ mau len
- ☐ ma len

- ☐ Mas ser
- ☐ Mes ser
- ☐ Mus ser

- ☐ Schweun
- ☐ Schwein
- ☐ Schwaun

- ☐ Mand
- ☐ Mond
- ☐ Mund

- ☐ Mun tel
- ☐ Man tel
- ☐ Mau tel
- ☐ Me tel

- ☐ leu fen
- ☐ lu fen
- ☐ la fen
- ☐ lau fen

↳ Hier umknicken oder abtrennen -----------------------------

Alles richtig gemacht? 9

- ☐ mu len
- ☐ mau len
- ☒ ma len

- ☐ Mas ser
- ☒ Mes ser
- ☐ Mus ser

- ☐ Schweun
- ☒ Schwein
- ☐ Schwaun

- ☐ Mand
- ☒ Mond
- ☐ Mund

- ☐ Mun tel
- ☒ Man tel
- ☐ Mau tel
- ☐ Me tel

- ☐ leu fen
- ☐ lu fen
- ☐ la fen
- ☒ lau fen

 **Kreuze an, was richtig ist.** 10

- ☐ Nist
- ☐ Nast
- ☐ Nest

- ☐ Mund
- ☐ Mand
- ☐ Mond

- ☐ Nucht
- ☐ Nascht
- ☐ Nacht

- ☐ Nu del
- ☐ No del
- ☐ Na del

- ☐ Pe kat
- ☐ Pa ket
- ☐ Pa kat
- ☐ Pe ket

- ☐ Pelz
- ☐ Pilz
- ☐ Pulz
- ☐ Pifz

✂ Hier umknicken oder abtrennen

Alles richtig gemacht? 10

- ☐ Nist
- ☐ Nast
- ☒ Nest

- ☒ Mund
- ☐ Mand
- ☐ Mond

- ☐ Nucht
- ☐ Nascht
- ☒ Nacht

- ☐ Nu del
- ☐ No del
- ☒ Na del

- ☐ Pe kat
- ☒ Pa ket
- ☐ Pa kat
- ☐ Pe ket

- ☐ Pelz
- ☒ Pilz
- ☐ Pulz
- ☐ Pifz

Katrin Wemmer: Sinnentnehmendes Lesen üben – Wortebene
© Persen Verlag

Kreuze an, was richtig ist. 11

- ☐ Sund
- ☐ Saud
- ☐ Sand

- ☐ Pen sal
- ☐ Pin sol
- ☐ Pin sel

- ☐ Schloss
- ☐ Schluss
- ☐ Schlass

- ☐ Ra gen
- ☐ Re gen
- ☐ Rei gen

- ☐ Reu pe
- ☐ Rau pe
- ☐ Ran pe
- ☐ Ram pe

- ☐ Solz
- ☐ Safz
- ☐ Salz
- ☐ Sulz

✂ Hier umknicken oder abtrennen

Alles richtig gemacht? 11

- ☐ Sund
- ☐ Saud
- ☒ Sand

- ☐ Pen sal
- ☐ Pin sol
- ☒ Pin sel

- ☒ Schloss
- ☐ Schluss
- ☐ Schlass

- ☐ Ra gen
- ☒ Re gen
- ☐ Rei gen

- ☐ Reu pe
- ☒ Rau pe
- ☐ Ran pe
- ☐ Ram pe

- ☐ Solz
- ☐ Safz
- ☒ Salz
- ☐ Sulz

Katrin Wemmer: Sinnentnehmendes Lesen üben – Wortebene
© Persen Verlag

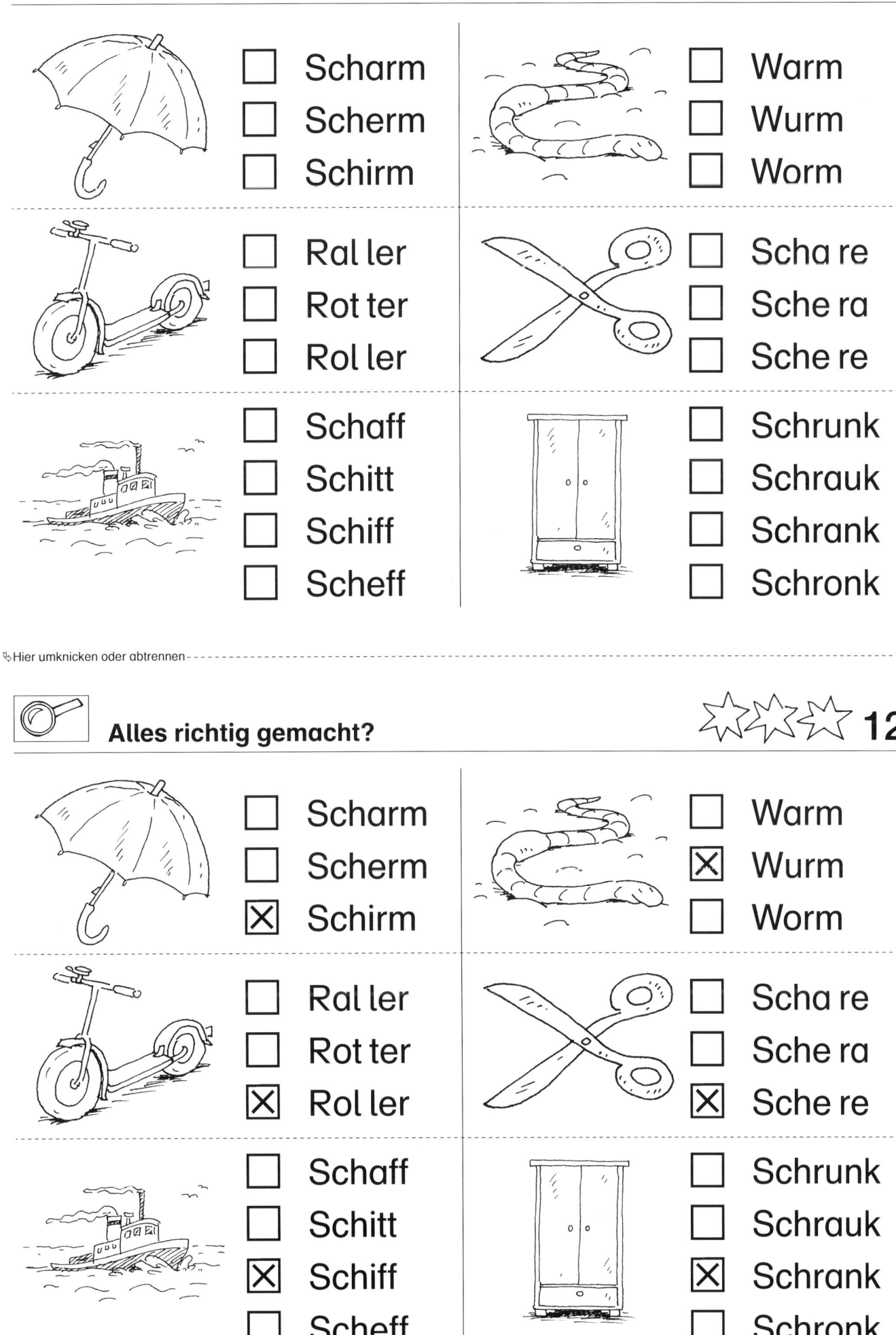

Kreuze an, was richtig ist. 1

- ☐ A houn
- ☐ A horn
- ☐ Au horn

- ☐ Blät ter
- ☐ Blat ter
- ☐ Blöt ter

- ☐ Am gel
- ☐ An gel
- ☐ Au gel

- ☐ Bril lo
- ☐ Brel le
- ☐ Bril le

- ☐ Flu sche
- ☐ Flo sche
- ☐ Fla sche
- ☐ Flö sche

- ☐ Falz steft
- ☐ Fifz steft
- ☐ Filz stift
- ☐ Filz stuft

✂ Hier umknicken oder abtrennen

Alles richtig gemacht? 1

- ☐ A houn
- ☒ A horn
- ☐ Au horn

- ☒ Blät ter
- ☐ Blat ter
- ☐ Blöt ter

- ☐ Am gel
- ☒ An gel
- ☐ Au gel

- ☐ Bril lo
- ☐ Brel le
- ☒ Bril le

- ☐ Flu sche
- ☐ Flo sche
- ☒ Fla sche
- ☐ Flö sche

- ☐ Falz steft
- ☐ Fifz steft
- ☒ Filz stift
- ☐ Filz stuft

Katrin Wemmer: Sinnentnehmendes Lesen üben – Wortebene
© Persen Verlag

Kreuze an, was richtig ist. ☆☆☆☆ 2

- ☐ Bors te
- ☐ Börs te
- ☐ Bürs te

- ☐ Bri zel
- ☐ Bre zal
- ☐ Bre zel

- ☐ Deu men
- ☐ Däu men
- ☐ Dau men

- ☐ Ei chal
- ☐ Ei chel
- ☐ Eu chel

- ☐ En gal
- ☐ En del
- ☐ En gel
- ☐ Eu gel

- ☐ Do che
- ☐ De che
- ☐ Dra che
- ☐ Drau che

✂ Hier umknicken oder abtrennen

Alles richtig gemacht? ☆☆☆☆ 2

- ☐ Bors te
- ☐ Börs te
- ☒ Bürs te

- ☐ Bri zel
- ☐ Bre zal
- ☒ Bre zel

- ☐ Deu men
- ☐ Däu men
- ☒ Dau men

- ☐ Ei chal
- ☒ Ei chel
- ☐ Eu chel

- ☐ En gal
- ☐ En del
- ☒ En gel
- ☐ Eu gel

- ☐ Do che
- ☐ De che
- ☒ Dra che
- ☐ Drau che

Katrin Wemmer: Sinnentnehmendes Lesen üben – Wortebene
© Persen Verlag

Kreuze an, was richtig ist. ★★★★ 3

- ☐ Fei er
- ☐ Feu er
- ☐ Fau er

- ☐ Fin ger
- ☐ Fan ger
- ☐ Fen ger

- ☐ Flog zeig
- ☐ Flug zeug
- ☐ Flag zug

- ☐ Eu er
- ☐ Ei er
- ☐ Ei mer

- ☐ Flu gel
- ☐ Fla gel
- ☐ Fü gel
- ☐ Flü gel

- ☐ Fu sche
- ☐ Fro sche
- ☐ Frö sche
- ☐ Frä sche

✂ Hier umknicken oder abtrennen -

Alles richtig gemacht? ★★★★ 3

- ☐ Fei er
- ☒ Feu er
- ☐ Fau er

- ☒ Fin ger
- ☐ Fan ger
- ☐ Fen ger

- ☐ Flog zeig
- ☒ Flug zeug
- ☐ Flag zug

- ☐ Eu er
- ☒ Ei er
- ☐ Ei mer

- ☐ Flu gel
- ☐ Fla gel
- ☐ Fü gel
- ☒ Flü gel

- ☐ Fu sche
- ☐ Fro sche
- ☒ Frö sche
- ☐ Frä sche

Katrin Wemmer: Sinnentnehmendes Lesen üben – Wortebene
© Persen Verlag

Kreuze an, was richtig ist.   ★★★★ 4

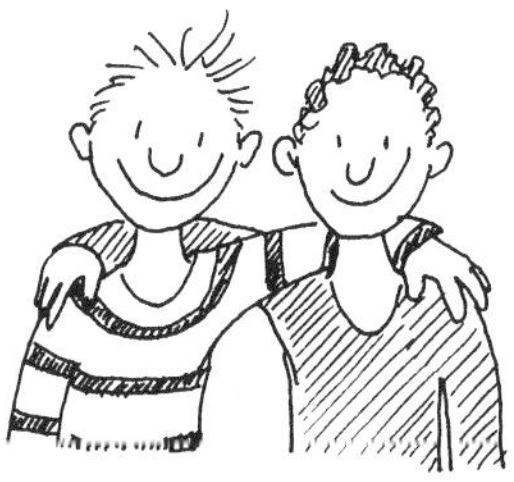

- ☐ Frein de
- ☐ Fein de
- ☐ Freun de

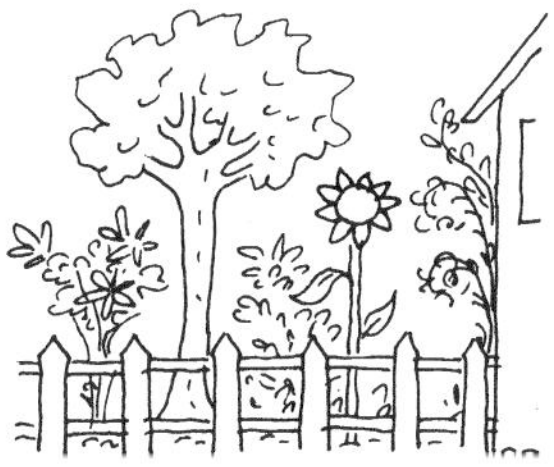

- ☐ Gor ten
- ☐ Gar ten
- ☐ Gau ten

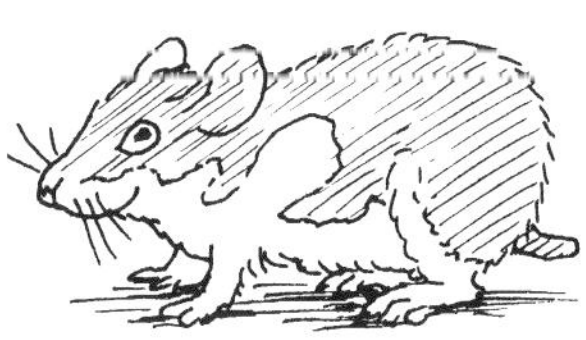

- ☐ Hums ter
- ☐ Homs ter
- ☐ Hams ter

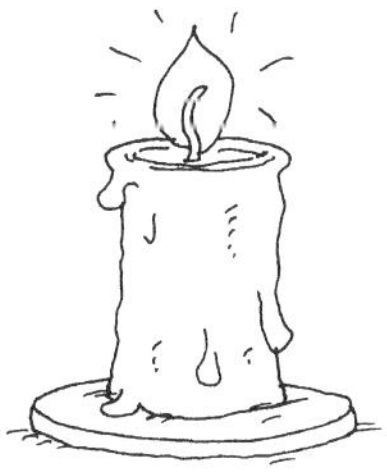

- ☐ Ker fe
- ☐ Kar se
- ☐ Ker ze

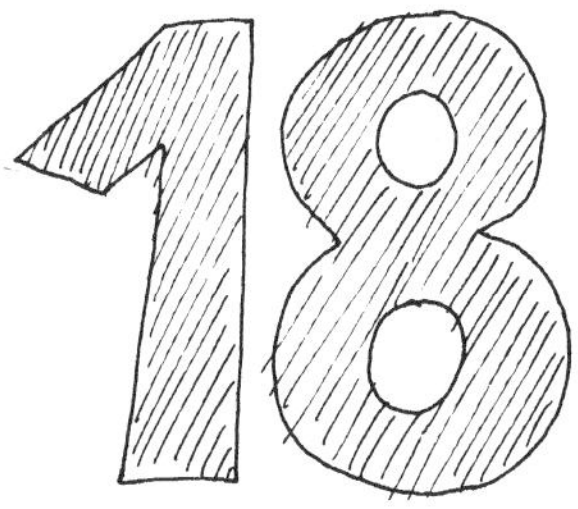

- ☐ Acht zahn
- ☐ Ascht zehn
- ☐ Acht zehn
- ☐ Echt zehn

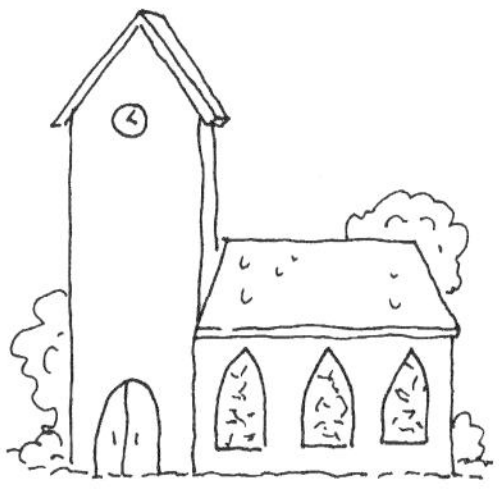

- ☐ Ker che
- ☐ Kar che
- ☐ Kir che
- ☐ Kir sche

✂ Hier umknicken oder abtrennen

Alles richtig gemacht?   ★★★★ 4

Kreuze an, was richtig ist. ⭐⭐⭐⭐☆ 5

- ☐ Ker schen
- ☐ Kir chen
- ☐ Kir schen

- ☐ Kaf fer
- ☐ Kof fer
- ☐ Kot ter

- ☐ Ko nig
- ☐ Kü nig
- ☐ Kö nig

- ☐ Seib zehn
- ☐ Sieb zehn
- ☐ Seub zehn

- ☐ Nos harn
- ☐ Nas harn
- ☐ Nas horn
- ☐ Nus horn

- ☐ Ord ner
- ☐ Ond rer
- ☐ Om red
- ☐ Ord red

↳ Hier umknicken oder abtrennen

Alles richtig gemacht? ⭐⭐⭐⭐☆ 5

- ☐ Ker schen
- ☐ Kir chen
- ☒ Kir schen

- ☐ Kaf fer
- ☒ Kof fer
- ☐ Kot ter

- ☐ Ko nig
- ☐ Kü nig
- ☒ Kö nig

- ☐ Seib zehn
- ☒ Sieb zehn
- ☐ Seub zehn

- ☐ Nos harn
- ☐ Nas harn
- ☒ Nas horn
- ☐ Nus horn

- ☒ Ord ner
- ☐ Ond rer
- ☐ Om red
- ☐ Ord red

Katrin Wemmer: Sinnentnehmendes Lesen üben – Wortebene
© Persen Verlag

 **Kreuze an, was richtig ist.** ☆☆☆☆ 6

- ☐ Fönf zihn
- ☐ Fänf zehn
- ☐ Fünf zehn

- ☐ Schlat ten
- ☐ Schlit ten
- ☐ Schlet ten

- ☐ Schös sel
- ☐ Schlüs sel
- ☐ Schlos sel

- ☐ Schnu bel
- ☐ Schna del
- ☐ Schna bel

- ☐ schneu den
- ☐ schnei den
- ☐ schau ben
- ☐ schnei ben

- ☐ Wol fe
- ☐ Wal fe
- ☐ Wäl fe
- ☐ Wöl fe

✂ Hier umknicken oder abtrennen -

Alles richtig gemacht? ☆☆☆☆ 6

- ☐ Fönf zihn
- ☐ Fänf zehn
- ☒ Fünf zehn

- ☐ Schlat ten
- ☒ Schlit ten
- ☐ Schlet ten

- ☐ Schös sel
- ☒ Schlüs sel
- ☐ Schlos sel

- ☐ Schnu bel
- ☐ Schna del
- ☒ Schna bel

- ☐ schneu den
- ☒ schnei den
- ☐ schau ben
- ☐ schnei ben

- ☐ Wol fe
- ☐ Wal fe
- ☐ Wäl fe
- ☒ Wöl fe

Katrin Wemmer: Sinnentnehmendes Lesen üben – Wortebene
© Persen Verlag

Kreuze an, was richtig ist. ⭐⭐⭐⭐⭐ 7

☐ Schnei mann ☐ Schnee mann ☐ Schee mann		☐ scheu ben ☐ schrau ben ☐ schrei ben	
☐ Tap pich ☐ Tep pisch ☐ Tep pich		☐ Zwun zig ☐ Zwan zig ☐ Zwon zig	
☐ Tru ben ☐ Tra ben ☐ Treu ben ☐ Trau ben		☐ Wor fel ☐ Wür tel ☐ Wür fel ☐ Wär fel	

✂ Hier umknicken oder abtrennen

Alles richtig gemacht? ⭐⭐⭐⭐⭐ 7

☐ Schnei mann ☒ Schnee mann ☐ Schee mann		☐ scheu ben ☐ schrau ben ☒ schrei ben	
☐ Tap pich ☐ Tep pisch ☒ Tep pich		☐ Zwun zig ☒ Zwan zig ☐ Zwon zig	
☐ Tru ben ☐ Tra ben ☐ Treu ben ☒ Trau ben		☐ Wor fel ☐ Wür tel ☒ Wür fel ☐ Wär fel	

Katrin Wemmer: Sinnentnehmendes Lesen üben – Wortebene
© Persen Verlag

Kreuze an, was richtig ist. ⭐⭐⭐⭐ 8

- ☐ Span ne
- ☐ Spin ne
- ☐ Spon ne

- ☐ Sprat ze
- ☐ Sprut ze
- ☐ Sprit ze

- ☐ Stam pel
- ☐ Stum pel
- ☐ Stem pel

- ☐ Stie fel
- ☐ Sta fel
- ☐ Sto fel

- ☐ Schlung ge
- ☐ Schlau ge
- ☐ Schle ge
- ☐ Schlan ge

- ☐ Spie gel
- ☐ Speu gel
- ☐ Spar gel
- ☐ Spei gel

✂ Hier umknicken oder abtrennen

Alles richtig gemacht? ⭐⭐⭐⭐ 8

- ☐ Span ne
- ☒ Spin ne
- ☐ Spon ne

- ☐ Sprat ze
- ☐ Sprut ze
- ☒ Sprit ze

- ☐ Stam pel
- ☐ Stum pel
- ☒ Stem pel

- ☒ Stie fel
- ☐ Sta fel
- ☐ Sto fel

- ☐ Schlung ge
- ☐ Schlau ge
- ☐ Schle ge
- ☒ Schlan ge

- ☒ Spie gel
- ☐ Speu gel
- ☐ Spar gel
- ☐ Spei gel

Katrin Wemmer: Sinnentnehmendes Lesen üben – Wortebene
© Persen Verlag

Kreuze an, was richtig ist. ☆☆☆☆☆ 9

- ☐ Ze ba
- ☐ Ze bra
- ☐ Ze bru

- ☐ Zar kus
- ☐ Zur kis
- ☐ Zir kus

- ☐ Siech zehn
- ☐ Sech zahn
- ☐ Sech zehn

- ☐ Laucht turm
- ☐ Leucht turm
- ☐ Leicht torm

- ☐ Hund tuch
- ☐ Hand tach
- ☐ Hand tuch
- ☐ Hand tusch

- ☐ Bleu stift
- ☐ Blau steft
- ☐ Blei steift
- ☐ Blei stift

✂ Hier umknicken oder abtrennen ----------------------------

Alles richtig gemacht? ☆☆☆☆☆ 9

- ☐ Ze ba
- ☒ Ze bra
- ☐ Ze bru

- ☐ Zar kus
- ☐ Zur kis
- ☒ Zir kus

- ☐ Siech zehn
- ☐ Sech zahn
- ☒ Sech zehn

- ☐ Laucht turm
- ☒ Leucht turm
- ☐ Leicht torm

- ☐ Hund tuch
- ☐ Hand tach
- ☒ Hand tuch
- ☐ Hand tusch

- ☐ Bleu stift
- ☐ Blau steft
- ☐ Blei steift
- ☒ Blei stift

Katrin Wemmer: Sinnentnehmendes Lesen üben – Wortebene
© Persen Verlag

Kreuze an, was richtig ist. ⭐⭐⭐⭐ 11

- ☐ Bag ger
- ☐ Bog ger
- ☐ Bag gir

- ☐ Ser ben
- ☐ Sei ben
- ☐ Sie ben

- ☐ Ban bon
- ☐ Bun bun
- ☐ Bon bon

- ☐ Kra kus
- ☐ Kro kas
- ☐ Kro kus

- ☐ Erd sen
- ☐ Erb sun
- ☐ Enb sen
- ☐ Erb sen

- ☐ Am pel
- ☐ Ap tel
- ☐ Ap fef
- ☐ Ap fel

✂ Hier umknicken oder abtrennen

Alles richtig gemacht? ⭐⭐⭐⭐ 11

- ☒ Bag ger
- ☐ Bog ger
- ☐ Bag gir

- ☐ Ser ben
- ☐ Sei ben
- ☒ Sie ben

- ☐ Ban bon
- ☐ Bun bun
- ☒ Bon bon

- ☐ Kra kus
- ☐ Kro kas
- ☒ Kro kus

- ☐ Erd sen
- ☐ Erb sun
- ☐ Enb sen
- ☒ Erb sen

- ☐ Am pel
- ☐ Ap tel
- ☐ Ap fef
- ☒ Ap fel

Katrin Wemmer: Sinnentnehmendes Lesen üben – Wortebene
© Persen Verlag

Kreuze an, was richtig ist. ⭐⭐⭐⭐ 12

- ☐ Van pir
- ☐ Vum pur
- ☐ Vam pir

- ☐ Veir zehn
- ☐ Vier zehn
- ☐ Vier zahn

- ☐ Ge speinst
- ☐ Ge stenst
- ☐ Ge spenst

- ☐ Fau brik
- ☐ Fu brik
- ☐ Fa brik

- ☐ Stram mast
- ☐ Strom must
- ☐ Strom mast
- ☐ Strum most

- ☐ Vol kun
- ☐ Vul kan
- ☐ Vul kein
- ☐ Vul kon

✂ Hier umknicken oder abtrennen -

Alles richtig gemacht? ⭐⭐⭐⭐ 12

- ☐ Van pir
- ☐ Vum pur
- ☒ Vam pir

- ☐ Veir zehn
- ☒ Vier zehn
- ☐ Vier zahn

- ☐ Ge speinst
- ☐ Ge stenst
- ☒ Ge spenst

- ☐ Fau brik
- ☐ Fu brik
- ☒ Fa brik

- ☐ Stram mast
- ☐ Strom must
- ☒ Strom mast
- ☐ Strum most

- ☐ Vol kun
- ☒ Vul kan
- ☐ Vul kein
- ☐ Vul kon

 **Kreuze an, was richtig ist.** ☆☆☆☆☆ 1

- ☐ A meu se
- ☐ A mau se
- ☐ A mei se

- ☐ A no nos
- ☐ A na nas
- ☐ A nau nas

- ☐ E le fent
- ☐ E le tant
- ☐ E le fant

- ☐ Gi rof fe
- ☐ Ge raf fe
- ☐ Gi raf fe

- ☐ Bo no ne
- ☐ Ba no ne
- ☐ Ba na ne
- ☐ Bo na ne

- ☐ Do mo ni
- ☐ Do mi no
- ☐ Di mo ni
- ☐ Di mi ni

✂ Hier umknicken oder abtrennen

Alles richtig gemacht? ☆☆☆☆☆ 1

- ☐ A meu se
- ☐ A mau se
- ☒ A mei se

- ☐ A no nos
- ☒ A na nas
- ☐ A nau nas

- ☐ E le fent
- ☐ E le tant
- ☒ E le fant

- ☐ Gi rof fe
- ☐ Ge raf fe
- ☒ Gi raf fe

- ☐ Bo no ne
- ☐ Ba no ne
- ☒ Ba na ne
- ☐ Bo na ne

- ☐ Do mo ni
- ☒ Do mi no
- ☐ Di mo ni
- ☐ Di mi ni

Kreuze an, was richtig ist.

☆☆☆☆☆ 2

- ☐ Gi tar ri
- ☐ Ge tar ra
- ☐ Gi tar re

- ☐ Kus tu ni e
- ☐ Kas to ni e
- ☐ Kas ta ni e

- ☐ Kru ko dol
- ☐ Kro ku del
- ☐ Kro ko dil

- ☐ In do a ner
- ☐ In di a ner
- ☐ In du a ner

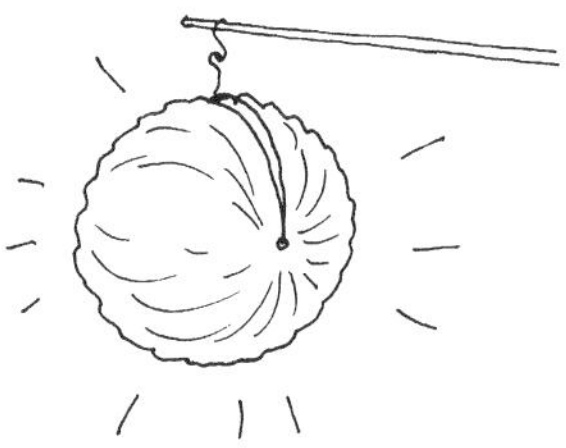

- ☐ La tir ne
- ☐ La ter na
- ☐ La ter ne
- ☐ Lu tor ne

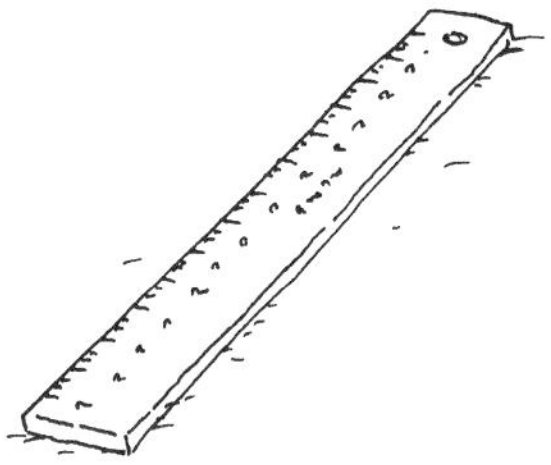

- ☐ Le nu al
- ☐ Li ne al
- ☐ Lu ne al
- ☐ Lo ni al

✂ Hier umknicken oder abtrennen - - - - - - - - - - - - - - - - - - -

Alles richtig gemacht?

☆☆☆☆☆ 2

- ☐ Gi tar ri
- ☐ Ge tar ra
- ☒ Gi tar re

- ☐ Kus tu ni e
- ☐ Kas to ni e
- ☒ Kas ta ni e

- ☐ Kru ko dol
- ☐ Kro ku del
- ☒ Kro ko dil

- ☐ In do a ner
- ☒ In di a ner
- ☐ In du a ner

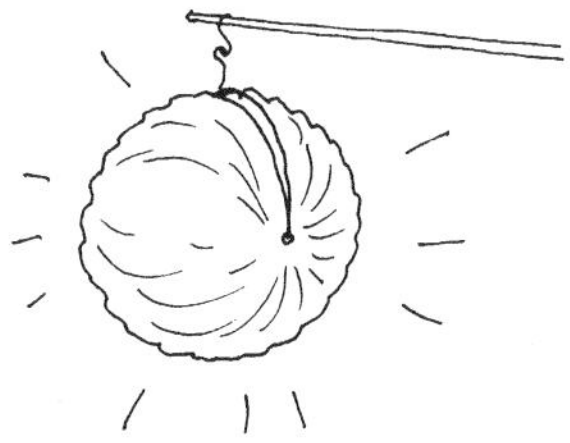

- ☐ La tir ne
- ☐ La ter na
- ☒ La ter ne
- ☐ Lu tor ne

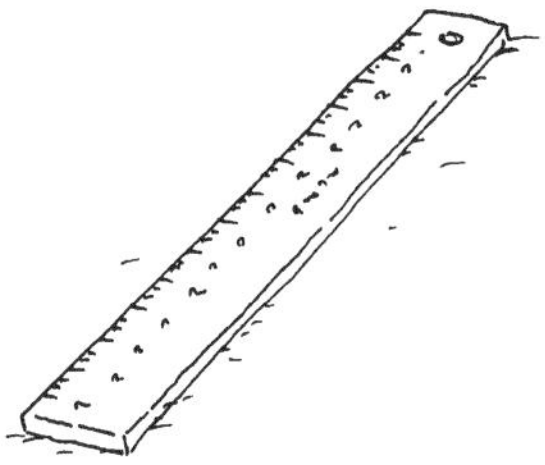

- ☐ Le nu al
- ☒ Li ne al
- ☐ Lu ne al
- ☐ Lo ni al

Katrin Wemmer: Sinnentnehmendes Lesen üben – Wortebene
© Persen Verlag

 **Kreuze an, was richtig ist.** ☆☆☆☆☆ 3

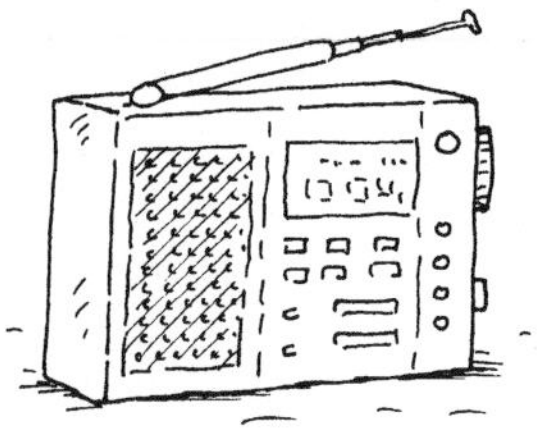

- ☐ Ru di o
- ☐ Ra do o
- ☐ Ra di o

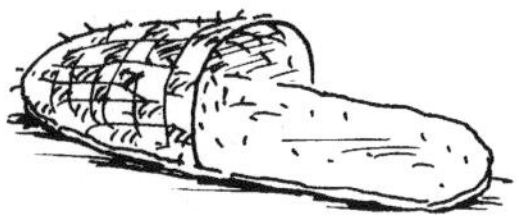

- ☐ Pan taf fal
- ☐ Pon taf fel
- ☐ Pan tof fel

- ☐ Pa po geu
- ☐ Pa pa geu
- ☐ Pa pa gei

- ☐ Re gen scharm
- ☐ Ra gen schirm
- ☐ Re gen schirm

- ☐ Ma tor rod
- ☐ Mo tar rad
- ☐ Mo tor rad
- ☐ Ma tor rud

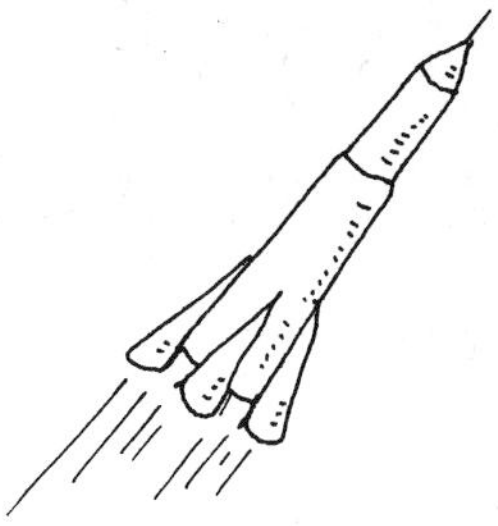

- ☐ Re ka te
- ☐ Ro ke te
- ☐ Ru ke te
- ☐ Ra ke te

✂ Hier umknicken oder abtrennen -

Alles richtig gemacht? ☆☆☆☆☆ 3

- ☐ Ru di o
- ☐ Ra do o
- ☒ Ra di o

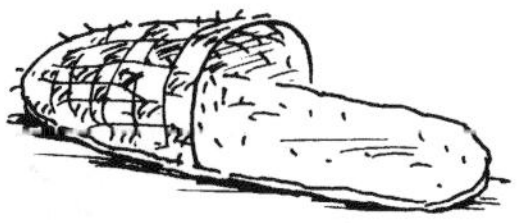

- ☐ Pan taf fal
- ☐ Pon taf fel
- ☒ Pan tof fel

- ☐ Pa po geu
- ☐ Pa pa geu
- ☒ Pa pa gei

- ☐ Re gen scharm
- ☐ Ra gen schirm
- ☒ Re gen schirm

- ☐ Ma tor rod
- ☐ Mo tar rad
- ☒ Mo tor rad
- ☐ Ma tor rud

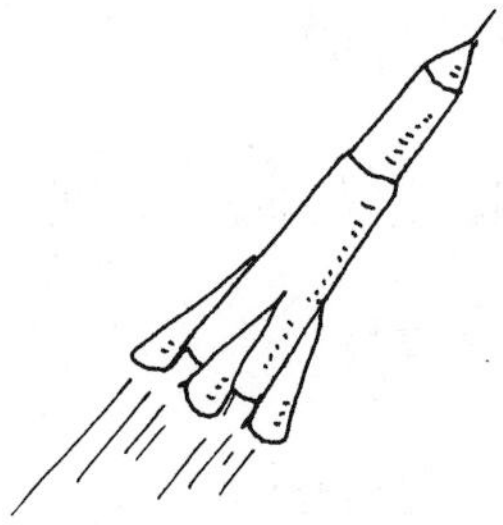

- ☐ Re ka te
- ☐ Ro ke te
- ☐ Ru ke te
- ☒ Ra ke te

Kreuze an, was richtig ist.　　　　　　　　　　　　4

- ☐ Re gen warm
- ☐ Re gen wurm
- ☐ Ra gen wurm

- ☐ Pan gu in
- ☐ Pen gu an
- ☐ Pin gu in

- ☐ Scha ko la de
- ☐ Scho ko la de
- ☐ Schu ku la de

- ☐ San do le
- ☐ Sun du le
- ☐ San da le

- ☐ Pap ri ko
- ☐ Pap ri ku
- ☐ Pap ro ka
- ☐ Pap ri ka

- ☐ Te lo fon
- ☐ Ta le fon
- ☐ Te la fon
- ☐ Te le fon

↪ Hier umknicken oder abtrennen ─────────────

Alles richtig gemacht?　　　　　　　　　　　　4

- ☐ Re gen warm
- ☒ Re gen wurm
- ☐ Ra gen wurm

- ☐ Pan gu in
- ☐ Pen gu an
- ☒ Pin gu in

- ☐ Scha ko la de
- ☒ Scho ko la de
- ☐ Schu ku la de

- ☐ San do le
- ☐ Sun du le
- ☒ San da le

- ☐ Pap ri ko
- ☐ Pap ri ku
- ☐ Pap ro ka
- ☒ Pap ri ka

- ☐ Te lo fon
- ☐ Ta le fon
- ☐ Te la fon
- ☒ Te le fon

Katrin Wemmer: Sinnentnehmendes Lesen üben – Wortebene
© Persen Verlag

Kreuze an, was richtig ist. ⭐⭐⭐⭐⭐ 5

- ☐ Ga ril la
- ☐ Go ril lo
- ☐ Go ril la

- ☐ Fle der mus
- ☐ Fle der maus
- ☐ Fla der mus

- ☐ Kor taf fel
- ☐ Kar tof fef
- ☐ Kar tof fel

- ☐ Tu ma te
- ☐ To mu te
- ☐ To ma te

- ☐ Eich härn chen
- ☐ Ech hörn chen
- ☐ Eich hörn chen
- ☐ Eich harn chen

- ☐ Tram pe te
- ☐ Trum po te
- ☐ Trom pe te
- ☐ Traum pe te

✂ Hier umknicken oder abtrennen

Alles richtig gemacht? ⭐⭐⭐⭐⭐ 5

- ☐ Ga ril la
- ☐ Go ril lo
- ☒ Go ril la

- ☐ Fle der mus
- ☒ Fle der maus
- ☐ Fla der mus

- ☐ Kor taf fel
- ☐ Kar tof fef
- ☒ Kar tof fel

- ☐ Tu ma te
- ☐ To mu te
- ☒ To ma te

- ☐ Eich härn chen
- ☐ Ech hörn chen
- ☒ Eich hörn chen
- ☐ Eich harn chen

- ☐ Tram pe te
- ☐ Trum po te
- ☒ Trom pe te
- ☐ Traum pe te

Kreuze an, was richtig ist. 6

- ☐ Zi tra ne
- ☐ Zi tro na
- ☐ Zi tro ne

- ☐ Zeu be rer
- ☐ Zei be rer
- ☐ Zau be rer

- ☐ Tee kon ne
- ☐ Tee kan ne
- ☐ Tee kun ne

- ☐ Lo bel la
- ☐ Li bel le
- ☐ Lu bul le

- ☐ Tu ma ton
- ☐ To ma ten
- ☐ To ma fen
- ☐ To mu ten

- ☐ Tu schen reih ner
- ☐ To schen rich ner
- ☐ Ta schen rech ner
- ☐ Ta chen reich ner

✂ Hier umknicken oder abtrennen

Alles richtig gemacht? 6

- ☐ Zi tra ne
- ☐ Zi tro na
- ☒ Zi tro ne

- ☐ Zeu be rer
- ☐ Zei be rer
- ☒ Zau be rer

- ☐ Tee kon ne
- ☒ Tee kan ne
- ☐ Tee kun ne

- ☐ Lo bel la
- ☒ Li bel le
- ☐ Lu bul le

- ☐ Tu ma ton
- ☒ To ma ten
- ☐ To ma fen
- ☐ To mu ten

- ☐ Tu schen reih ner
- ☐ To schen rich ner
- ☒ Ta schen rech ner
- ☐ Ta chen reich ner

Katrin Wemmer: Sinnentnehmendes Lesen üben – Wortebene
© Persen Verlag

Kreuze an, was richtig ist. ⭐⭐⭐⭐☆ 7

- ☐ Kän ga ra
- ☐ Kän gu ru
- ☐ Kin ge re

- ☐ Breif kus ten
- ☐ Brief kas ten
- ☐ Brief kos ten

- ☐ Dra me dur
- ☐ Drei me der
- ☐ Dro me dar

- ☐ Geis kan ne
- ☐ Gieß kan ne
- ☐ Geus kon ne

- ☐ Schald krö te
- ☐ Schild kru te
- ☐ Schild krä te
- ☐ Schild krö te

- ☐ Erb dee re
- ☐ Erd beu re
- ☐ Erd bee re
- ☐ End bee te

✂ Hier umknicken oder abtrennen

Alles richtig gemacht? ⭐⭐⭐⭐☆ 7

- ☐ Kän ga ra
- ☒ Kän gu ru
- ☐ Kin ge re

- ☐ Breif kus ten
- ☒ Brief kas ten
- ☐ Brief kos ten

- ☐ Dra me dur
- ☐ Drei me der
- ☒ Dro me dar

- ☐ Geis kan ne
- ☒ Gieß kan ne
- ☐ Geus kon ne

- ☐ Schald krö te
- ☐ Schild kru te
- ☐ Schild krä te
- ☒ Schild krö te

- ☐ Erb dee re
- ☐ Erd beu re
- ☒ Erd bee re
- ☐ End bee te

Katrin Wemmer: Sinnentnehmendes Lesen üben – Wortebene
© Persen Verlag

Kreuze an, was richtig ist. ⭐⭐⭐⭐⭐ 8

- ☐ Ar beits blatt
- ☐ Ar buts blett
- ☐ Ar bets blitt

- ☐ Kle be staft
- ☐ Kle be stift
- ☐ Kla be stift

- ☐ Fe der map pe
- ☐ Fi der mup pe
- ☐ Fa dir mip pe

- ☐ Schul tu sche
- ☐ Schal ta sche
- ☐ Schul ta sche

- ☐ Firb kus ten
- ☐ Farb kas ten
- ☐ Furb kas ten
- ☐ Farb kis ten

- ☐ An tun ne
- ☐ An tan ne
- ☐ Au ten ne
- ☐ An ten ne

✂ Hier umknicken oder abtrennen

Alles richtig gemacht? ⭐⭐⭐⭐⭐ 8

- ☒ Ar beits blatt
- ☐ Ar buts blett
- ☐ Ar bets blitt

- ☐ Kle be staft
- ☒ Kle be stift
- ☐ Kla be stift

- ☒ Fe der map pe
- ☐ Fi der mup pe
- ☐ Fa dir mip pe

- ☐ Schul tu sche
- ☐ Schal ta sche
- ☒ Schul ta sche

- ☐ Firb kus ten
- ☒ Farb kas ten
- ☐ Furb kas ten
- ☐ Farb kis ten

- ☐ An tun ne
- ☐ An tan ne
- ☐ Au ten ne
- ☒ An ten ne

Katrin Wemmer: Sinnentnehmendes Lesen üben – Wortebene
© Persen Verlag

Kreuze an, was richtig ist.　　9

- ☐ Arn bond uhr
- ☐ Arm bund ahr
- ☐ Arm band uhr

- ☐ Bo de wan ne
- ☐ Ba de wan ne
- ☐ Ba de wun ne

- ☐ Bö gel eu sen
- ☐ Bü gel ei sen
- ☐ Bü del ei sen

- ☐ Hub schreu ber
- ☐ Hab schrau ber
- ☐ Hub schrau ber

- ☐ Buf fer keks
- ☐ But ter kuks
- ☐ But ter keks
- ☐ Bat ter kaks

- ☐ Vo gel schau che
- ☐ Va gel schei che
- ☐ Vo gel scheu che
- ☐ Vo gel schei che

↳ Hier umknicken oder abtrennen

Alles richtig gemacht?　　9

- ☐ Arn bond uhr
- ☐ Arm bund ahr
- ☒ Arm band uhr

- ☐ Bo de wan ne
- ☒ Ba de wan ne
- ☐ Ba de wun ne

- ☐ Bö gel eu sen
- ☒ Bü gel ei sen
- ☐ Bü del ei sen

- ☐ Hub schreu ber
- ☐ Hab schrau ber
- ☒ Hub schrau ber

- ☐ Buf fer keks
- ☐ But ter kuks
- ☒ But ter keks
- ☐ Bat ter kaks

- ☐ Vo gel schau che
- ☐ Va gel schei che
- ☒ Vo gel scheu che
- ☐ Vo gel schei che

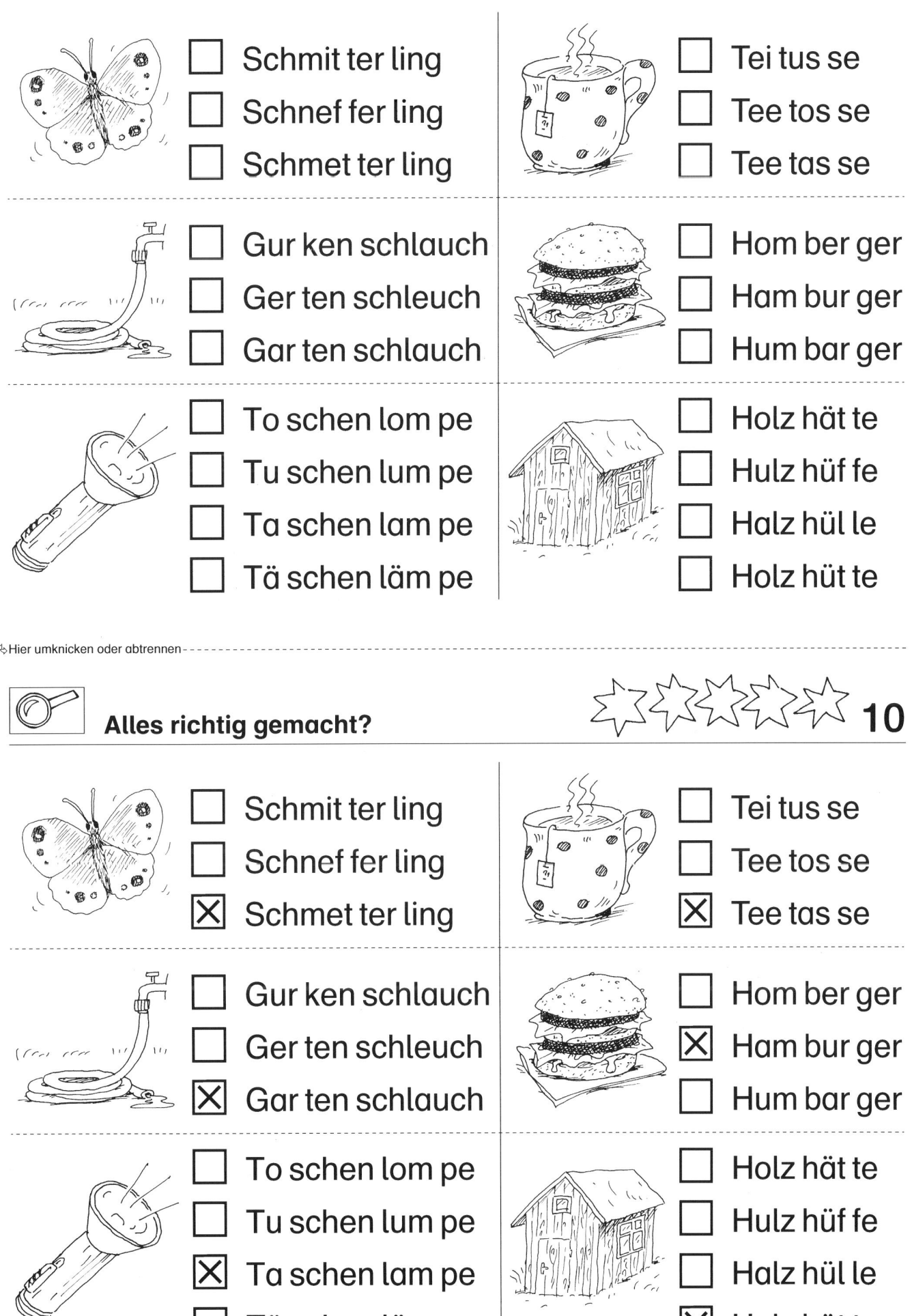

Kreuze an, was richtig ist.

☐ Tee bau tel ☐ Too beu tel ☐ Tee beu tel	☐ Sund kos ten ☐ Sand kas ten ☐ Sond kis ten
☐ Zahn bors te ☐ Zöhn bürs te ☐ Zahn bürs te	☐ Tral ler pfeu fe ☐ Tril ler pfei le ☐ Tril ler pfei fe
☐ Schutz in sul ☐ Schotz in sal ☐ Schatz in sel ☐ Schätz in sil	☐ Un fer hemb ☐ Un ter hend ☐ Um ter humd ☐ Un ter hemd

✂ Hier umknicken oder abtrennen -

Alles richtig gemacht?

☐ Tee bau tel ☐ Too beu tel ☒ Tee beu tel	☐ Sund kos ten ☒ Sand kas ten ☐ Sond kis ten
☐ Zahn bors te ☐ Zöhn bürs te ☒ Zahn bürs te	☐ Tral ler pfeu fe ☐ Tril ler pfei le ☒ Tril ler pfei fe
☐ Schutz in sul ☐ Schotz in sal ☒ Schatz in sel ☐ Schätz in sil	☐ Un fer hemb ☐ Un ter hend ☐ Um ter humd ☒ Un ter hemd

Kreuze an, was richtig ist. — 12

- ☐ Un fer ha se
- ☐ Un ter ho se
- ☐ Un tir hu se

- ☐ Schatz kis te
- ☐ Schutz kas te
- ☐ Schotz küs te

- ☐ Weun trei ben
- ☐ Wein treu ben
- ☐ Wein trau ben

- ☐ Lu ger fei er
- ☐ La ger feu er
- ☐ Lo der feu er

- ☐ Spin nen netz
- ☐ Span nin nutz
- ☐ Stin nen neff
- ☐ Sin nen metz

- ☐ Zohn pus ta
- ☐ Zähn pis ta
- ☐ Zahn pas ta
- ☐ Zuhn pes to

✂ Hier umknicken oder abtrennen

Alles richtig gemacht? — 12

- ☐ Un fer ha se
- ☒ Un ter ho se
- ☐ Un tir hu se

- ☒ Schatz kis te
- ☐ Schutz kas te
- ☐ Schotz küs te

- ☐ Weun trei ben
- ☐ Wein treu ben
- ☒ Wein trau ben

- ☐ Lu ger fei er
- ☒ La ger feu er
- ☐ Lo der feu er

- ☒ Spin nen netz
- ☐ Span nin nutz
- ☐ Stin nen neff
- ☐ Sin nen metz

- ☐ Zohn pus ta
- ☐ Zähn pis ta
- ☒ Zahn pas ta
- ☐ Zuhn pes to

Katrin Wemmer: Sinnentnehmendes Lesen üben – Wortebene
© Persen Verlag

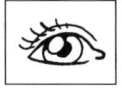 **Lies genau.**

 **Verbinde die Silbe mit dem passenden Bild.**

Bi

Pi

Po

Kä

Scho

Lö

Na

Ki

Wa

Tee

Bro

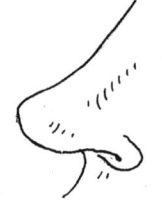

 **Lies genau.**

 **Verbinde die Silbe mit dem passenden Bild.**

 Rei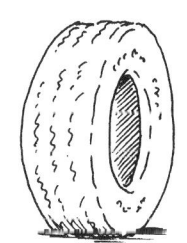

 Pi

 Bu

 Ri

Ein

 Blu

Hu

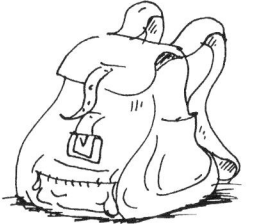 Ru

Pla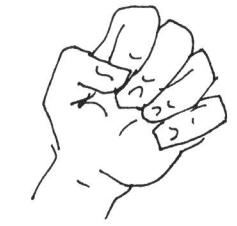

 Ga

Fau

Katrin Wemmer: Sinnentnehmendes Lesen üben – Wortebene
© Persen Verlag

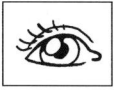 **Lies genau.**

 **Verbinde die Silbe mit dem passenden Bild.**

Ko

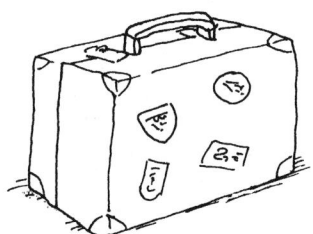

Schau

Mü

Pu

Schu

Eu

Flö

Ei

Fö

Ti

Fe

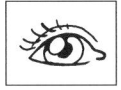 **Lies genau.**

 **Verbinde das Wort mit dem passenden Bild.**

Bus

Au ge

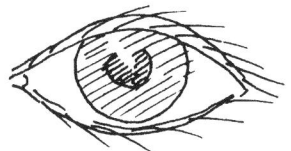

Au to

Ball

Buch

Baum

Eis

En te

Di no

Fisch

Hut

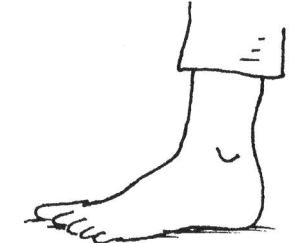

 **Lies genau.**

 **Verbinde das Wort mit dem passenden Bild.**

Ha se

Haus

Ho se

Klo

La ma

Maus

Ro se

Rad

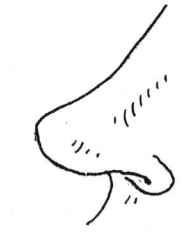
Na se

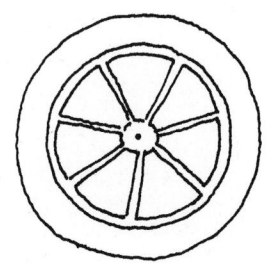
Schal

Wal

 **Lies genau.**

 **Verbinde das Wort mit dem passenden Bild.**

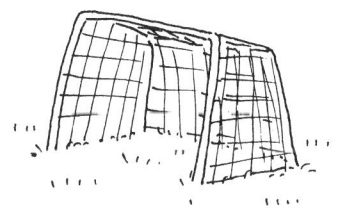

Tisch

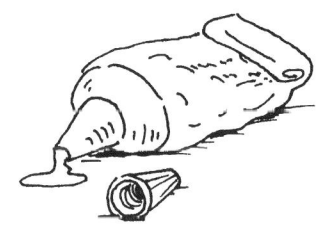

Tu be

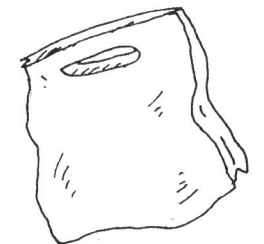

Tü te

Zug

Ka nu

Tür

Kä se

Li mo

Sei fe

Ig lu

Bär

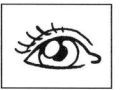 **Lies genau.**

 **Verbinde das Wort mit dem passenden Bild.**

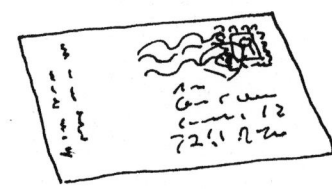

Heft

Arm

Am pel

Bank

Del fin

Fünf

Brett

Blü te

Brot

Brief

Ei mer

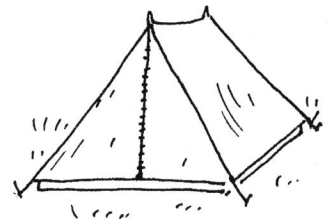

 **Lies genau.**

 **Verbinde das Wort mit dem passenden Bild.**

Geld

Ga bel

Hand

Geist

Holz

Kat ze

Kä fig

In sel

Kan ne

Kis te

Kas se

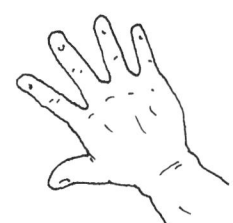

 **Lies genau.**

 **Verbinde das Wort mit dem passenden Bild.**

| Korb |
| Ku chen |
| Lam pe |
| Kran |
| Lei ter |
| Mond |
| Löf fel |
| Sand |
| Mund |
| Pu del |
| Pin sel |

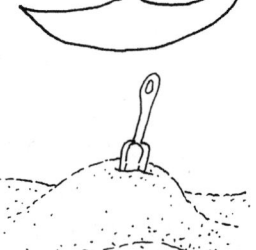

 **Lies genau.**

 Verbinde das Wort mit dem passenden Bild.

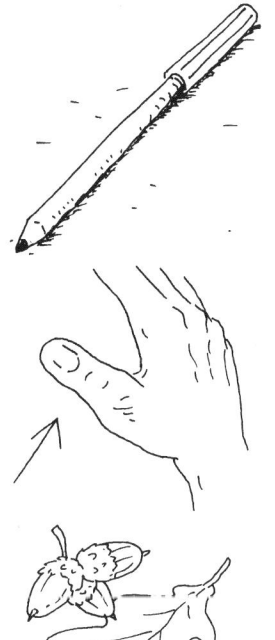

| An gel |
| Bril le |
| Blät ter |
| Bürs te |
| Fla sche |
| Bre zel |
| Kof fer |
| Ker ze |
| En gel |
| Ei chel |
| Kir schen |

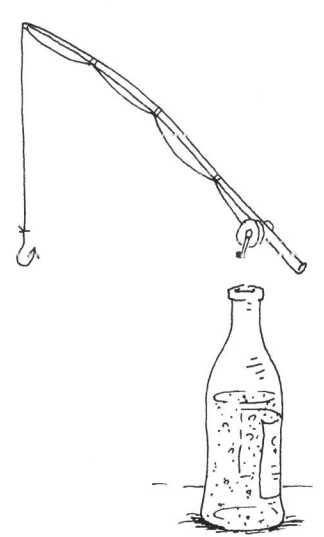

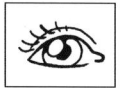 **Lies genau.**

 **Verbinde das Wort mit dem passenden Bild.**

Schlit ten

Wür fel

Ord ner

Kö nig

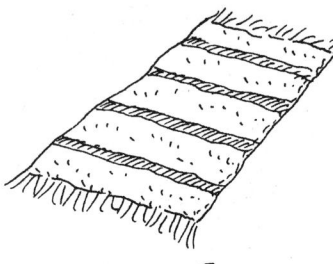

Trau ben

Wöl fe

Tep pich

Spin ne

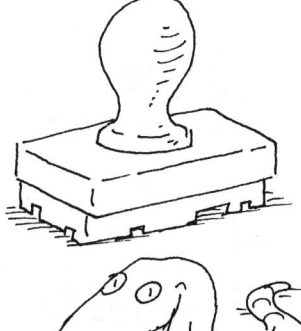

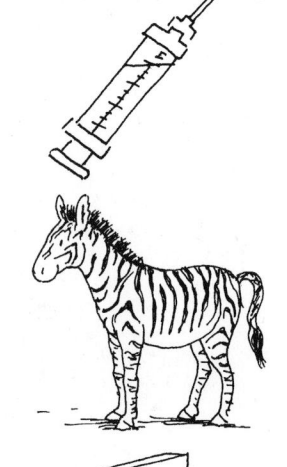

Stem pel

Ze bra

Zir kus

 **Lies genau.**

 Verbinde das Wort mit dem passenden Bild.

Blei stift

Mons ter

Ge spenst

Vam pir

Erb sen

Müt ze

Vul kan

Nas horn

Fa brik

Strom mast

Sie ben

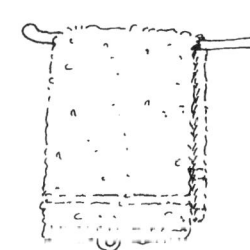

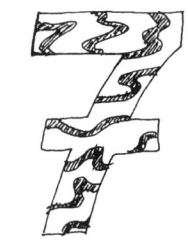

Katrin Wemmer: Sinnentnehmendes Lesen üben – Wortebene
© Persen Verlag

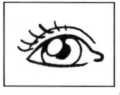 **Lies genau.**

 **Verbinde das Wort mit dem passenden Bild.**

Ba na ne

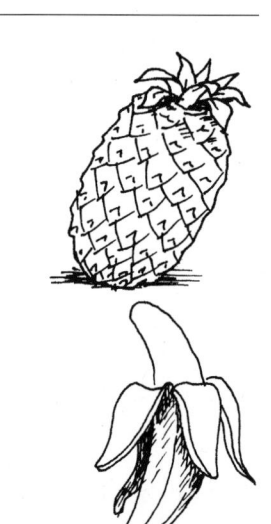

E le fant

A mei se

A na nas

Gi tar re

Gi raf fe

Re gen schirm

Li ne al

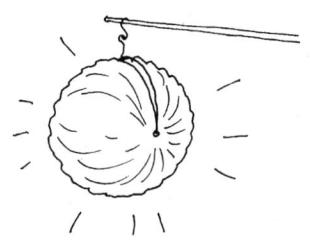

La ter ne

Ra ke te

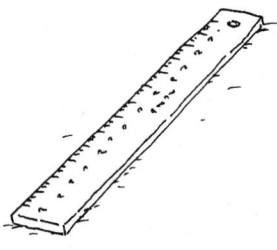

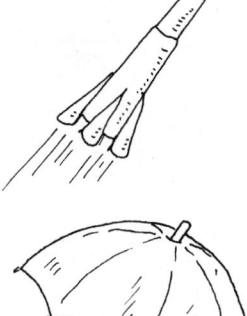

Pa pa gei

 **Lies genau.**

 **Verbinde das Wort mit dem passenden Bild.**

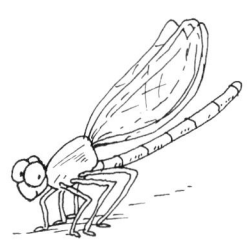

| Te le fon |
| Fle der maus |
| Eich hörn chen |
| Pap ri ka |
| Zi tro ne |
| Tee kan ne |
| Zau be rer |
| Li bel le |
| Schild krö te |
| Re gen wurm |
| Brief kas ten |

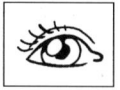 **Lies genau.**

 **Verbinde das Wort mit dem passenden Bild.**

   Schul ta sche

   Ar beits blatt

   Kle be stift

   Ba de wan ne

   Fe der map pe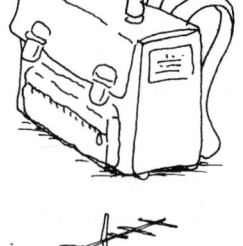

   An ten ne

   Bü gel ei sen

   Farb kas ten

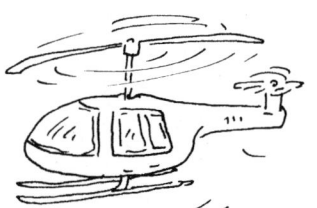   But ter keks

   Schmet ter ling

   Arm band uhr

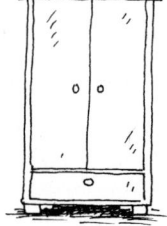

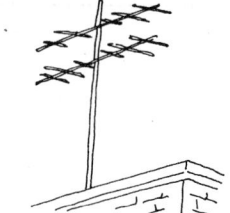

 **Lies genau.**

 **Schneide die Silben aus.**

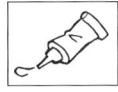 **Klebe die richtige Silbe zum Bild.**

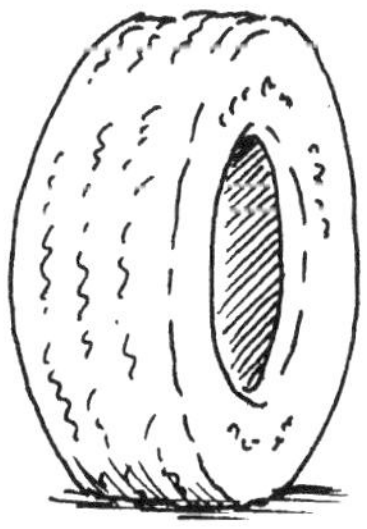

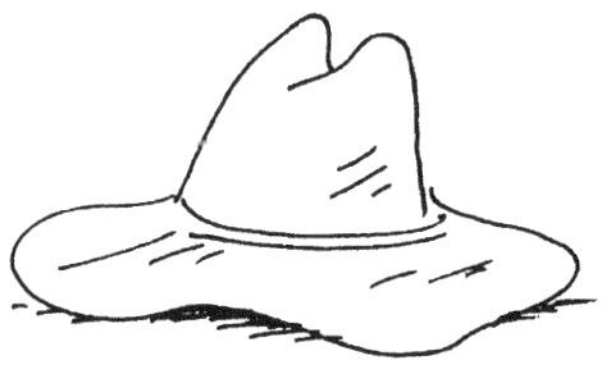

Pla	Ru	Hau	Tu
Ri	Mü	Pi	Flu
Ar	Hu	Lö	Rei

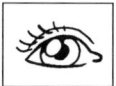 **Lies genau.**

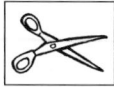 **Schneide die Silben aus.**

 **Klebe die richtige Silbe zum Bild.**

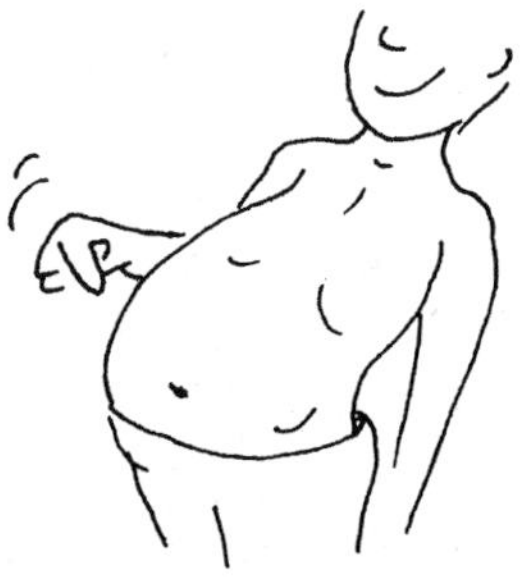

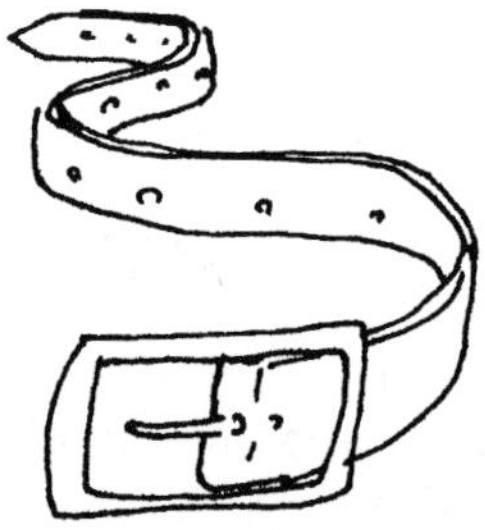

Bau	Tre	Da	Be
Ga	Fe	Gü	Ne
Na	Tro	Bü	Tü

 **Lies genau.**

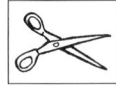 **Schneide die Wörter aus.**

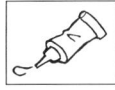 **Klebe das richtige Wort zum Bild.**

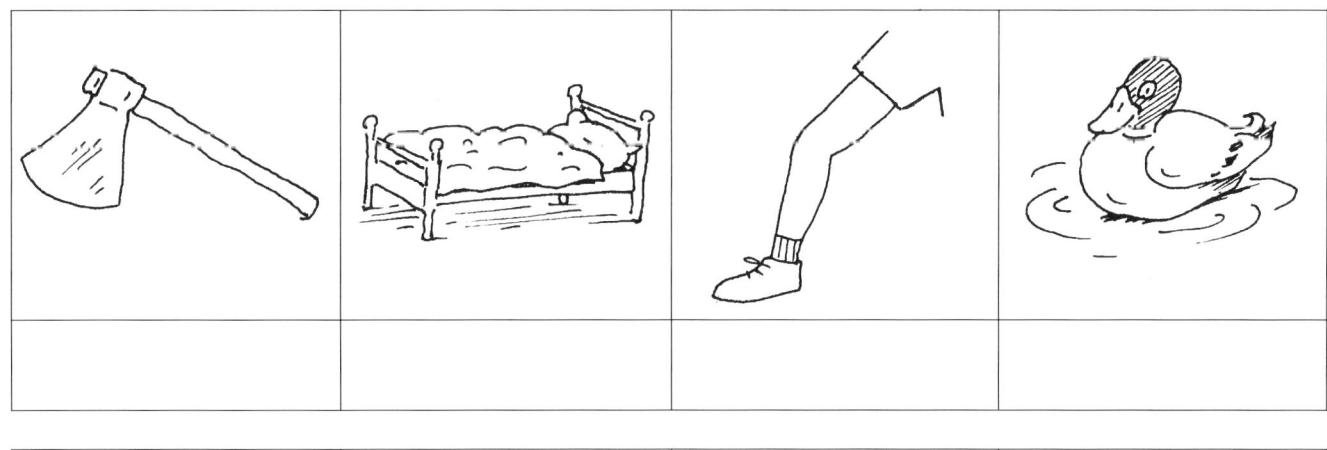

Ho se	Do se	Bett	Eis
Baum	Beil	Ha se	Di no
Ei	Bus	Bein	En te

Katrin Wemmer: Sinnentnehmendes Lesen üben – Wortebene
© Persen Verlag

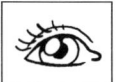 **Lies genau.**

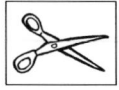 **Schneide die Wörter aus.**

 **Klebe das richtige Wort zum Bild.**

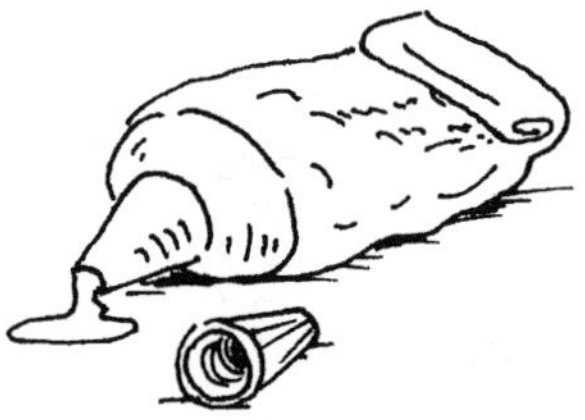

Ka nu	Mann	Hut	Klo
Schal	Schaf	Tü te	Maus
Tür	Ig lu	Tu be	Na se

 **Lies genau.**

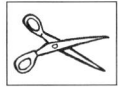 **Schneide die Wörter aus.**

 **Klebe das richtige Wort zum Bild.**

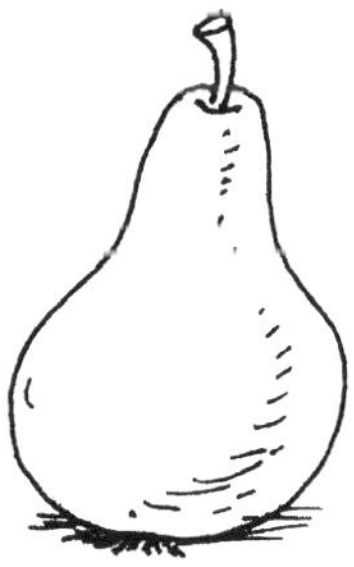

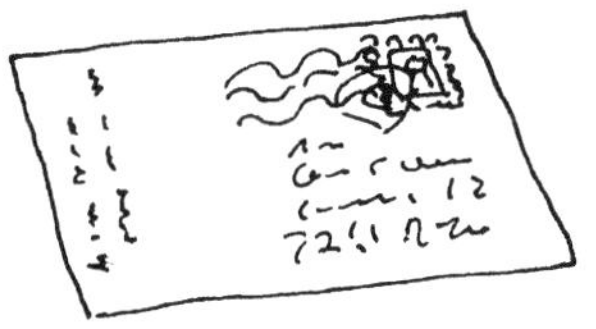

Ga bel	Bir ne	Del fin	Brief
Gei ge	Kleid	Brot	Bank
Geld	Heft	Brett	Geist

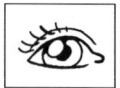 **Lies genau.**

 **Schneide die Wörter aus.**

 **Klebe das richtige Wort zum Bild.**

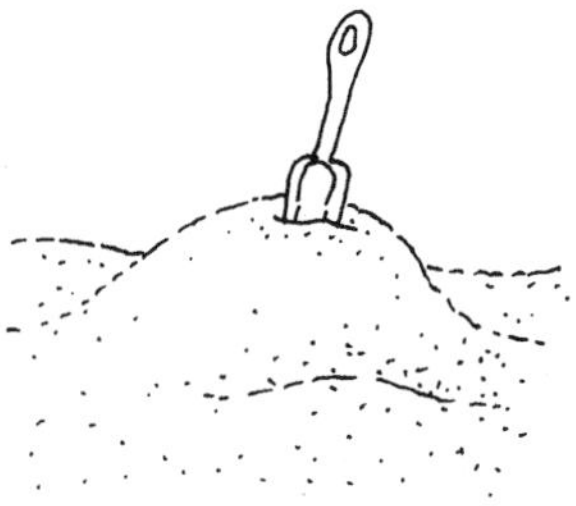

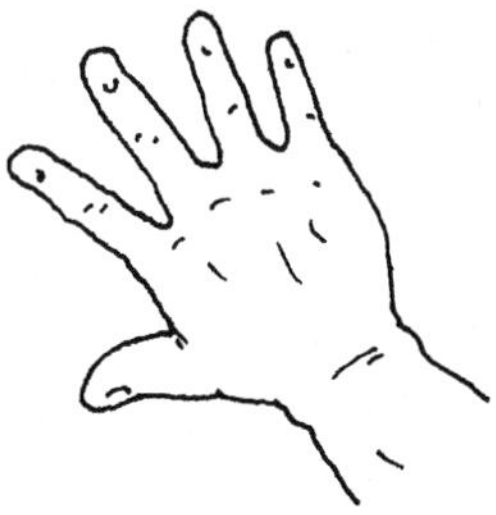

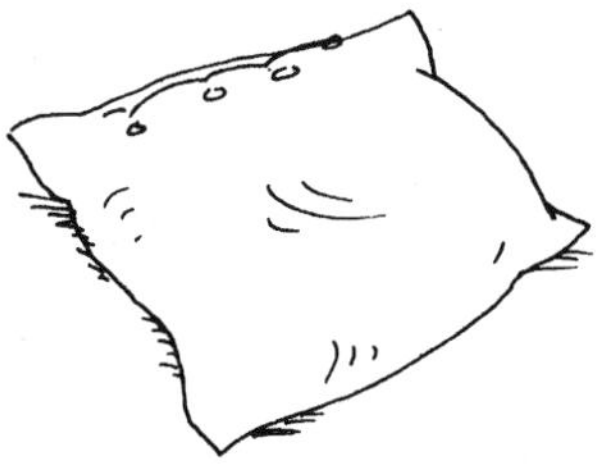

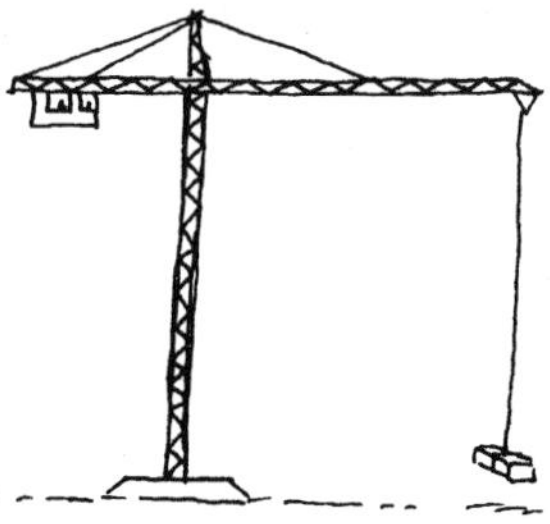

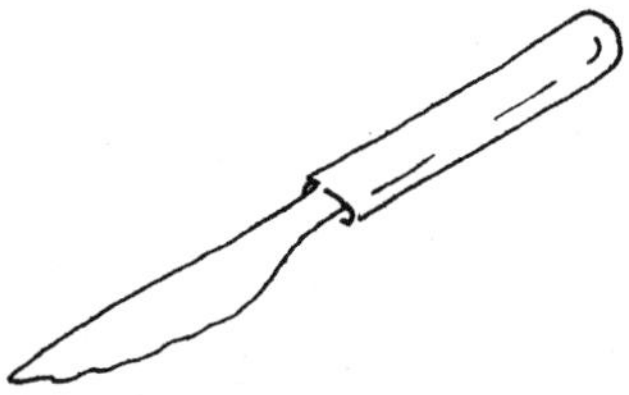

Kro ne	Hand	Pa ket	Knopf
Kis sen	Sand	Löf fel	Kran
Mes ser	Tor te	Kis te	I gel

90

 **Lies genau.**

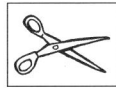 **Schneide die Wörter aus.**

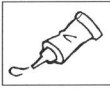 **Klebe das richtige Wort zum Bild.**

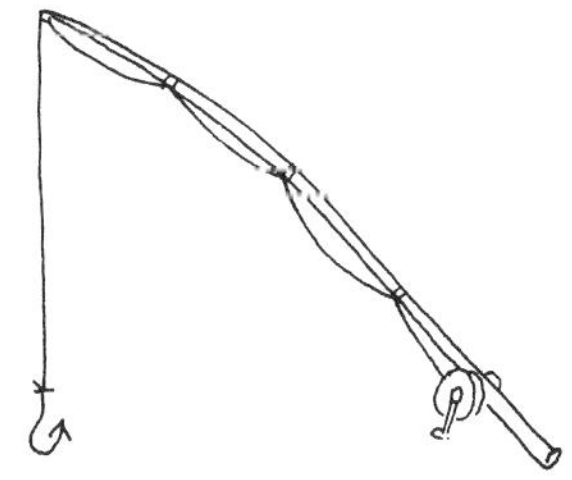

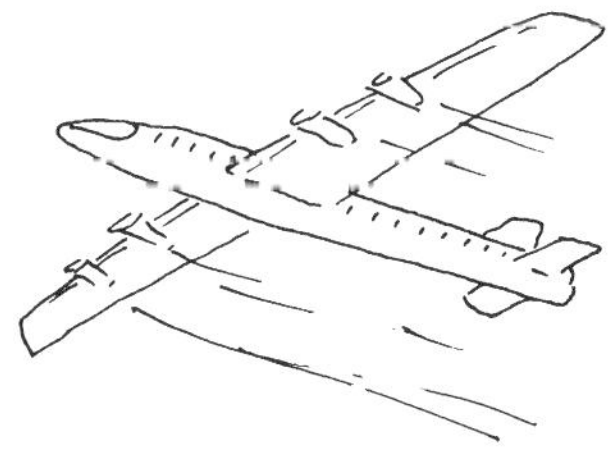

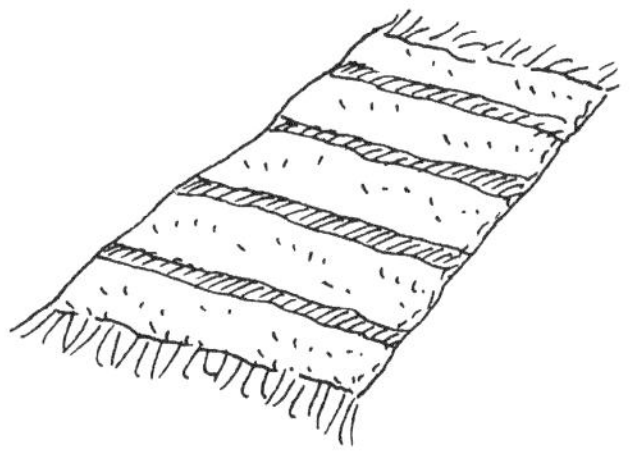

Tep pich	An gel	Schlit ten	Ord ner
Trau ben	Flug zeug	Gar ten	Flü gel
Dra che	Frö sche	Acht zehn	Schlüs sel

 **Lies genau.**

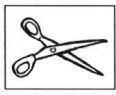 **Schneide die Wörter aus.**

 **Klebe das richtige Wort zum Bild.**

Stie fel	Ze bra	Erb sen	Spin ne
Vul kan	En gel	Mons ter	Bre zel
Wür fel	Wöl fe	Drei zehn	Zir kus

 **Lies genau.**

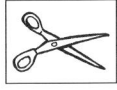 **Schneide die Wörter aus.**

 **Klebe das richtige Wort zum Bild.**

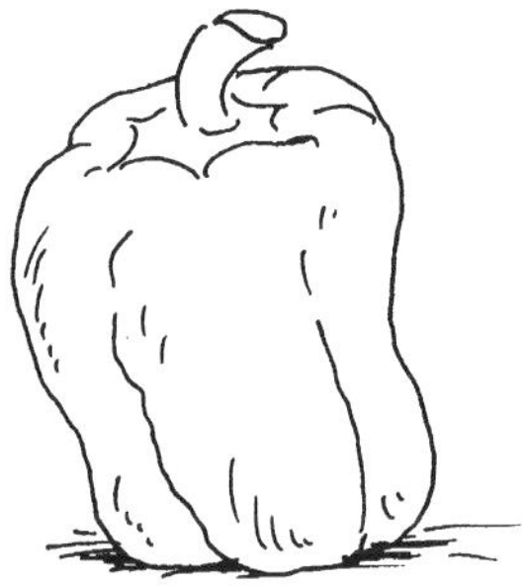

Zi tro ne	Tee kan ne	Re gen wurm
San da le	Mo tor rad	Pin gu in
Kän gu ru	Kle be stift	Pap ri ka

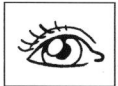 **Lies genau.**

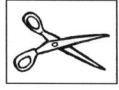 **Schneide die Wörter aus.**

 **Klebe das richtige Wort zum Bild.**

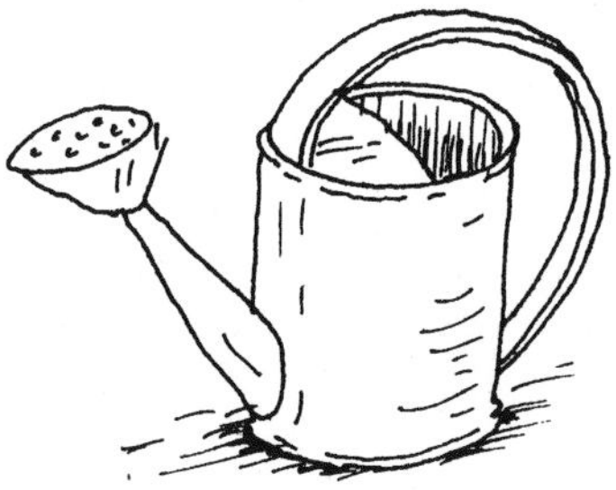

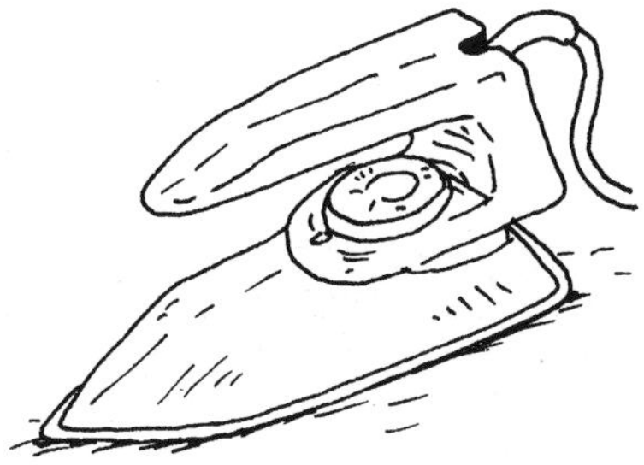

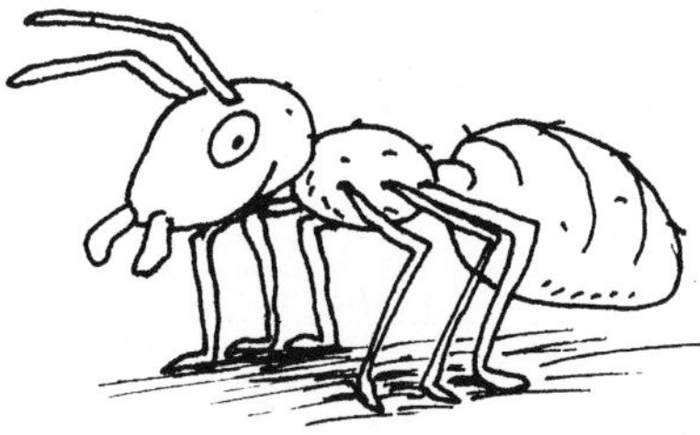

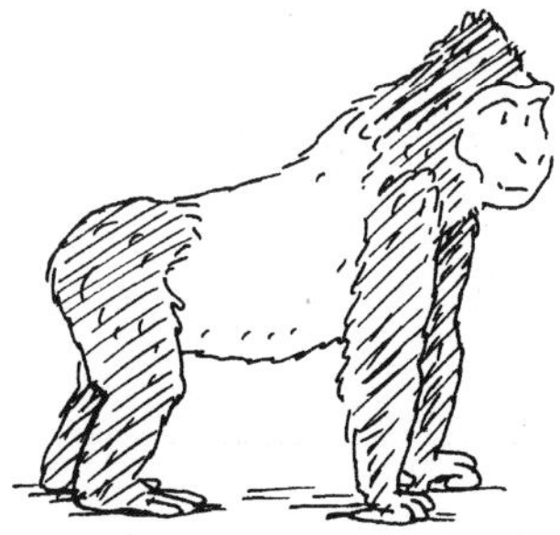

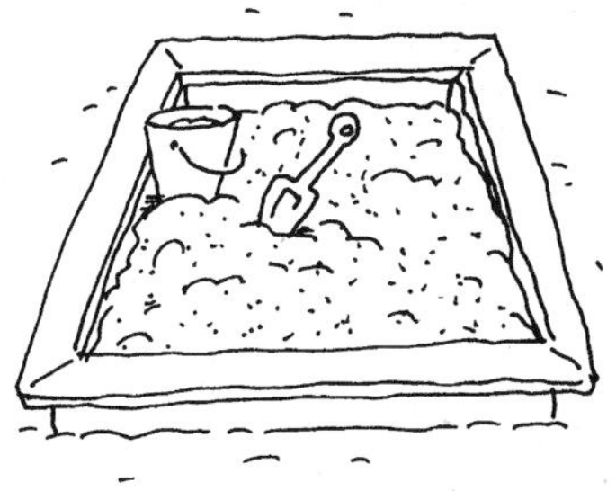

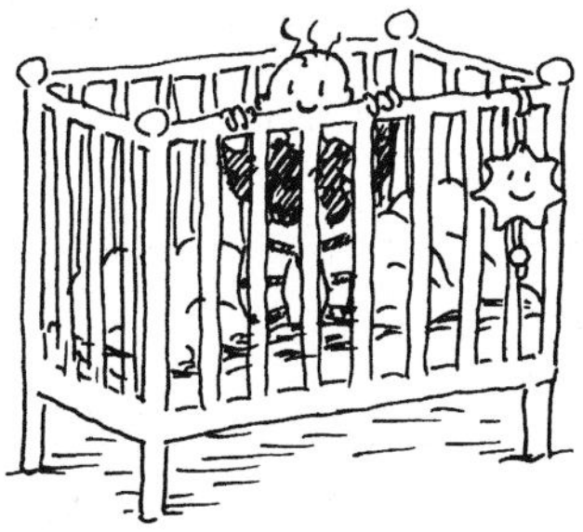

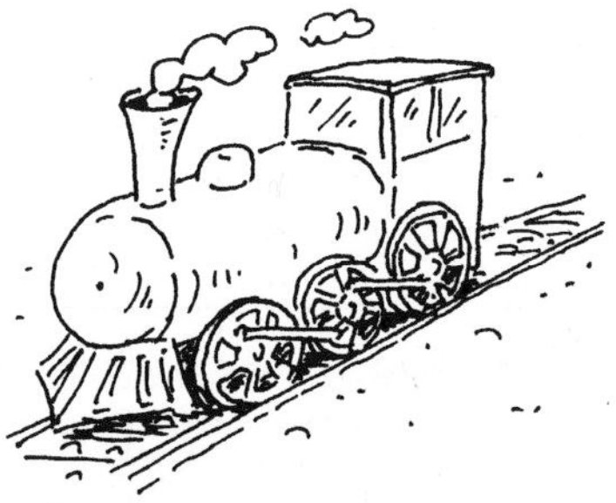

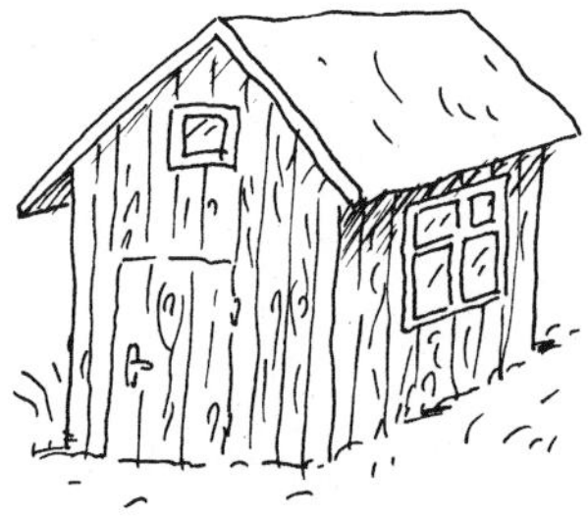

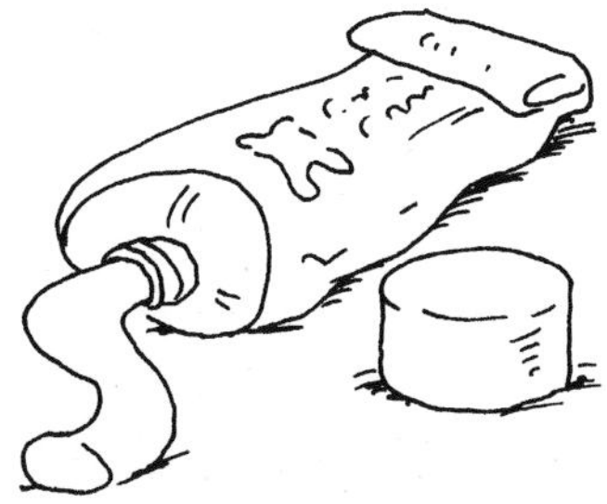

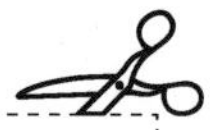

Sand kas ten	Gieß kan ne	A mei se
Lo ko mo ti ve	Zahn pas ta	Holz hüt te
Kin der bett	Go ril la	Bü gel ei sen

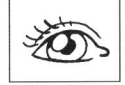 **Lies genau.**

 Finde die **3** falschen Wörter und kreise sie ein.

Bus	Bus	Bus	Bus	Bus	Bus
Bus	Bus	Bos	Bus	Bus	Bus
Bus	Büs	Bus	Bus	Bas	Bus

Bett	Bett	Bett	Bett	Bott	Bett
Bett	Bett	Brett	Bett	Bett	Bett
Bett	Bett	Bett	Bett	Brett	Bett

Eis	Eis	Eis	Eis	Eis	Els	Eis
Eus	Eis	Eis	Eis	Eis	Eis	Eis
Eis	Eis	Eis	Efs	Eis	Eis	Eis

Ball	Boll	Ball	Ball	Ball	Ball
Ball	Ball	Ball	Boll	Ball	Ball
Ball	Ball	Ball	Ball	Ball	Boll

Baum	Beum	Baum	Baum	Baum
Baum	Buam	Beum	Baum	Baum
Baum	Baum	Baum	Baum	Baum

Katrin Wemmer: Sinnentnehmendes Lesen üben – Wortebene
© Persen Verlag

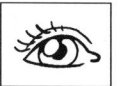 **Lies genau.**

 **Finde die 3 falschen Wörter und kreise sie ein.**

Fisch	Fisch	Fisch	Füsch	Fisch
Flsch	Fisch	Fisch	Fisch	Fisch
Fisch	Fisch	Fesch	Fisch	Fisch

Bär	Bar	Bär	Bär	Bär	Bär
Bär	Bär	Bär	Bär	Bär	Bür
Bör	Bär	Bär	Bär	Bär	Bär

Schaf	Schaf	Schuf	Schaf	Schaf
Schaf	Schaf	Schaf	Schaf	Schof
Schaf	Schäf	Schaf	Schaf	Schaf

Haus	Haus	Haus	Heus	Haus
Huas	Haus	Haus	Haus	Haus
Haus	Haus	Haas	Haus	Haus

Bein	Beun	Bein	Bein	Bein	Bein
Bein	Bein	Ben	Bein	Bein	Bein
Bein	Bein	Bein	Ban	Bein	Bein

 **Lies genau.**

 Finde die **3** falschen Wörter und kreise sie ein.

	Maus Maus Meus Maus Maus Maus Maus Maas Maus Maus Mous Maus Maus Maus Maus

	Ticch Tisch Tisch Tisch Tisch Tisch Tisch Tiech Tisch Tisch Tisch Tesch Tisch Tisch Tisch

	Wal Wal Wal Wal Wol Wal Wal Wul Wal Wal Wal Wal Wal Wal Wal Wäl Wal Wal

	Tor Tor Ton Tor Tor Tor Tor Tür Tor Tor Tor Tor Tor Tor Tor Tor Tor Tor Tor Tor Tar

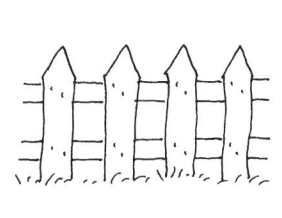	Zaun Zaun Zaun Zaun Zeun Zaum Zaun Zaun Zaun Zaun Zaun Zaun Zahn Zaun Zaun

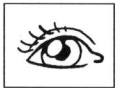 **Lies genau.**

 **Finde die 3 falschen Wörter und kreise sie ein.**

| 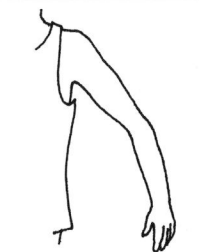 | Arm   Ann   Arm   Arm   Arm   Arm
Arm   Arm   Aus   Arm   Arm   Arm
Arm   Arm   Arm   Arm   Aun   Arm |

|  | Fünf   Fünf   Fünf   Fänf   Fünf
Fünf   Fünf   Fönf   Fünf   Fünf
Fünf   Fünf   Fünf   Funf   Fünf |

|  | Heft   Heift   Heft   Heft   Heft   Heft
Heft   Heft   Helt   Heft   Heft   Heft
Heft   Haft   Heft   Heft   Heft   Heft |

| 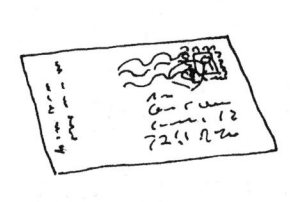 | Brief   Brief   Brief   Brief   Breif
Brief   Breuf   Brief   Brief   Brief
Brief   Brief   Brief   Briel   Brief |

|  | Frosch   Frasch   Frosch   Frosch
Frauch   Frosch   Frosch   Frosch
Frosch   Frosch   Frisch   Frosch |

 **Lies genau.**

 Finde die **3** falschen Wörter und kreise sie ein.

Blü te	Blü te	Blü te	Blü te
Blü te	Blö te	Blü te	Blu te
Blü te	Blie te	Blü te	Blü te

Ga bel	Go bel	Ga bel	Ga bel
Ga bel	Ga bil	Ga bel	Ga gel
Ga bel	Ga bel	Ga bel	Ga bel

Hand	Hund	Hand	Hand	Hand
Hand	Hand	Hond	Hand	Hand
Hand	Haut	Hand	Hand	Hand

In sel	In sol	In sel	In sel	In sel
In sel	In sel	Ir sel	In sel	In sel
In sel	In sel	In sel	In sil	In sel

Mund	Mond	Mund	Mund	Mund
Mund	Mund	Mond	Mund	Mund
Mund	Mund	Mund	Mund	Mond

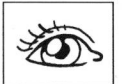 **Lies genau.**

 Finde die **3** falschen Wörter und kreise sie ein.

	Hund Hand Hund Hund Hund Hund Hund Hand Hund Hund Hund Hund Hund Hund Hand

	Korb Korb Korb Kalb Korb Korb Kalb Korb Korb Korb Korb Korb Korb Kaub Korb

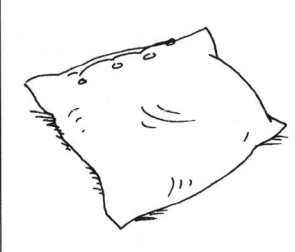	Kis sen Kis sen Kis sen Kis sen Kis sen Kin nen Kie sen Kis sen Kis sen Kis sen Kis sen Kis sei

	Kat ze Kat ne Kat ze Kat ze Kat ze Kat ze Kot ze Kat ze Kat ze Kut ze Kat ze Kat ze

	Holz Holz Holz Holz Hals Holz Hals Holz Holz Holz Holz Holz Holz Hals Holz

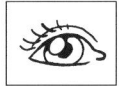 **Lies genau.**

 **Finde die 3 falschen Wörter und kreise sie ein.**

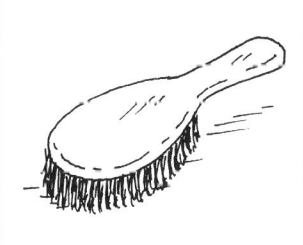

Bürs te	Bürs te	Biirs te	Bürs te
Bürs te	Bürs te	Bürs te	Börs te
Bürs te	Bürs te	Bürs te	Bars te

Ker ze	Kei ze	Ker ze	Ker ze
Kor ze	Ker ze	Ker ze	Ker ze
Ker ze	Ker ze	Kur ze	Ker ze

Wür fel	Wür fel	Wür fel	Wär fel
Wür fel	Wür fel	Wor fel	Wür fel
Wür fel	War fel	Wür fel	Wür fel

Brei zel	Bre zel	Bre zel	Bre zel
Bre zel	Bru zel	Bre zel	Bre zel
Bre zel	Bre zel	Bre nel	Bre zel

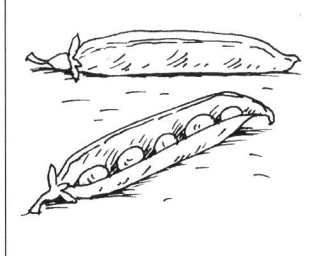

Erb sen	Enb sen	Erb sen	Erb sen
Erb sen	Erb sen	Erb sen	Erb nen
Erb sen	Erb sen	Erb een	Erb sen

 **Lies genau.**

 Finde die **3** falschen Wörter und kreise sie ein.

	Gar ten	Gur ken	Gar ten	Gar ten
	Gar ten	Gar ten	Ger ten	Gar ten
	Gar ten	Gar ten	Gar ten	Gur ken

	Müt ze	Mat ze	Müt ze	Müt ze
	Müt ze	Müt ze	Meit ze	Müt ze
	Müt ze	Müt ze	Müt ze	Mot ze

	Ord ner	Ord ser	Ord ner	Ord ner
	Ord ner	Ord ner	Oro ner	Ord ner
	Ora uer	Ord ner	Ord ner	Ord ner

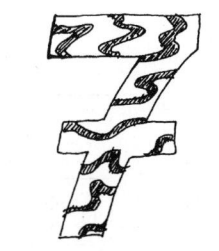	Sie ben	Sei ben	Sie ben	Sie ben
	Sie ben	Sie ben	Sie den	Sie ben
	Sie ben	Sie ben	Sel ben	Sie ben

	Schna bel	Schau kel	Schna bel
	Schna bel	Schna bel	Schnu del
	Schna bel	Schna bel	Schna del

 **Lies genau.**

 Wie geht das Wort weiter? Verbinde.

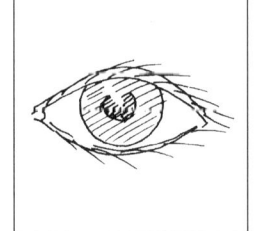	Au	to / gel / ge		Na	ser / se / del
	Di	va / ner / no		Ka	nu / ja / ner
	La	me / va / ma		Au	sel / ge / to
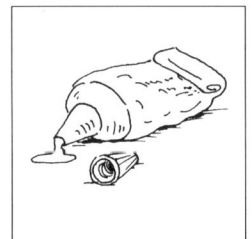	Tu	be / ba / bunt		Mo	gel / fa / de
	Ha	ser / gel / se		Sa	ler / lat / len
	Ro	se / ser / sel		En	ter / tel / te

 **Lies genau.**

 **Wie geht das Wort weiter? Verbinde.**

	Do	ne / se / seil		Ig	el / lu / len
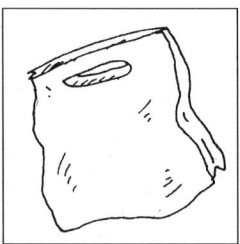	Tü	fer / cher / te		Eu	le / ro / gel
	Kä	fer / sel / se		Ho	se / sel / bel
	Ki	ka / wer / wi	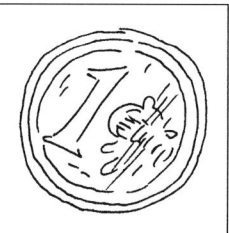	Eu	ro / le / lo
	Li	mer / ma / mo		Lu	pe / se / ra
	Ti	te / pi / pen		Sei	le / de / fe

Katrin Wemmer: Sinnentnehmendes Lesen üben – Wortebene
© Persen Verlag

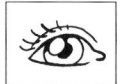 **Lies genau.**

 **Wie geht das Wort weiter? Verbinde.**

	Am	pel / pen / per	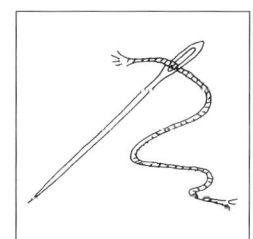	Na	se / del / gel
	Del	fan / ta / fin		Man	tel / teil / ter
	Bir	ke / ma / ne		Kro	kus / ne / nel
	Bü	gel / cher / ro		Lam	pe / ge / a
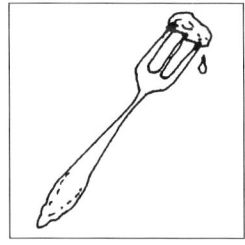	Ga	bei / bär / bel		ba	den / ge / rer
	Kis	te / sen / seil		le	ger / sel / sen

Katrin Wemmer: Sinnentnehmendes Lesen üben – Wortebene
© Persen Verlag

 **Lies genau.**

 **Wie geht das Wort weiter? Verbinde.**

	Pa	keit / ste / ket	 Pin	sel / ser / se
	Re	ger / gen / gut	 Löf	fat / fit / fel
	Rau	ben / pest / pe	 Ta	pe / fel / ge
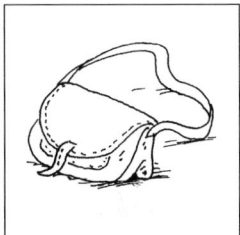	Ta	sche / che / ter	 Ka	met / mei / mel
	Tel	list / lust / ler	 Wol	ke / le / kel
	Teu	fen / fach / fel	 Ti	gel / ger / gan

 **Lies genau.**

 **Wie geht das Wort weiter? Verbinde.**

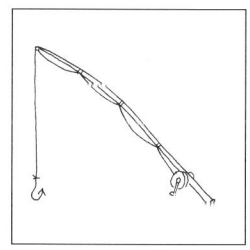	An	gut / gern / gel	 Fla	sche / ser / sch
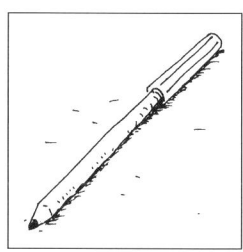	Filz	stoff / stern / stift	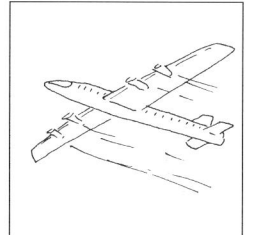 Flug	zeit / zeug / zung
	En	gel / gern / ge	 Dra	che / tig / ch
	Flü	ger / mme / gel	 Gar	to / ten / tig
	Acht	zig / zahn / zehn	 Kof	fer / fug / fein
	Kir	mes / che / sche	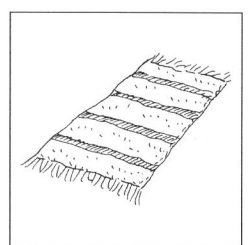 Tep	pich / per / pus

Katrin Wemmer: Sinnentnehmendes Lesen üben – Wortebene
© Persen Verlag

 **Lies genau.**

 **Wie geht das Wort weiter? Verbinde.**

 Stem — per / pen / pel

 Spin — gel / ne / ter

 Stie — fel / ger / ment

Bre — zeit / zig / zel

 Blei — fest / stab / stift

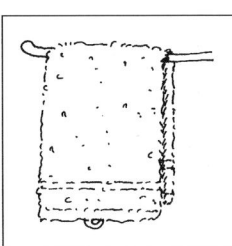 Hand — tuch / tau / ter

 Nas — horn / hut / hand

 rech — tig / nis / nen

 Ap — fein / fuß / fel

 Mons — ter / seil / se

 Vam — pir / pakt / puste

 Wöl — fuß / fe / fing

 **Lies genau.**

 **Wie geht das Wort weiter? Verbinde.**

	Re	gen / schen / gent	schön / schein / schirm
	Kro	kus / ger / ko	dank / dil / dir
	Mo	tank / tor / tür	rad / rot / rer
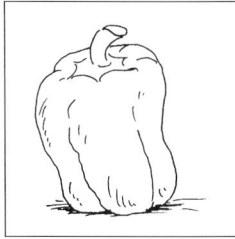	Pan	tof / tür / tor	fein / fang / fel
	Pap	rot / ri / reun	ka / ki / kes
	Fle	gen / ge / der	mann / maus / mars

 **Lies genau.**

 **Wie geht das Wort weiter? Verbinde.**

	Ta	schen / sehr / schö	reich / rust / rech	nen / ner / neu
	Fe	gel / der / tüt	map / mo / mer	pel / fa / pe
	Bü	gen / ro / gel	seu / ei / au	sen / gen / ger
	Ba	de / gen / ler	wer / wan / won	se / ge / ne
	Kin	gu / der / die	wer / wu / wa	gen / len / ger
	Ta	cher / gel / schen	lam / luft / sen	ge / pe / per